Hoffmann, Friedrich Dr.

Der römische Senat

Zur Zeit der Republik nach seiner Zusammensetzung und inneren Verfassung betrachtet

Hoffmann, Friedrich Dr.

Der römische Senat

Zur Zeit der Republik nach seiner Zusammensetzung und inneren Verfassung betrachtet

MV-History ist ein Imprint der
Verlagsgruppe MusketierVerlag GmbH, Bremen,
Copyright © by MusketierVerlag, Bremen,
Konsul-Smidt- Straße 92
28217 Bremen
www.musketierverlag.de
Alle Rechte vorbehalten

ISBN/EAN: 9783753616377

Der römische Senat

zur Zeit der Republik

nach seiner Zusammensetzung und innern Verfassung betrachtet

von

Dr. Friedrich Hofmann.

Berlin.
Verlag von Duncker und Humblot.
1847.

Herrn Dr. Friedrich Bellermann

Director des grauen Klosters zu Berlin

zugeeignet.

Inhalt.

	Seite
1) **Die lex Ovinia**	3
Die Auswahl der Senatoren in der ältesten Zeit	3
Festus s. v. praeteriti, p. 246 ed. Müll.	5
Inhalt des Ovinischen Gesetzes	7
Abfassungszeit desselben	11
Die senatus lectio des Appius Claudius	13
Die durch die Licinischen Gesetze bewirkte Veränderung in der Zusammensetzung des Senats	15
2) **Die senatores pedarii**	19
Die drei alten Erklärungen dieses Begriffs bei Gellius III, 18	19
Gellius Urtheil darüber gewürdigt	24
Die Formen der Beschlussnahme. *Senatusconsulta per relationem* und *per discessionem*	26
Das unterscheidende Merkmal der Pedarier und ihre Plätze im Senat	31
Die Angabe Varro's damit in Uebereinstimmung gebracht	33
3) **Die stimmberechtigten Beisitzer des Senats**	35
Das Stimmrecht dieser Klasse von Senatsmitgliedern	35
Die Ansichten des Festus, Valerius Maximus und Gellius über die Personen, aus welchen diese Klasse bestand	38
Weder die Ansicht des Festus, noch die des Valerius kann als eine für alle Zeiten gültige Regel angesehen werden	42
Die Angabe des Valerius ist für keine Zeit richtig	48
Unterscheidung zweier Perioden rücksichtlich der Zusammensetzung der in Rede stehenden Klasse, und Bestimmung ihrer Grenzen.	53
Das Fragment der lex Servilia repetundarum über die Auswahl der Richter	54
Das Fragment der lex Cornelia de sicariis et veneficiis bei Cic. pro Cluent. 54	56
Das Verhältniss des *ordo senatorius*, des *ordo equester* und der *equites equo publico* zu einander	59
Die Sullanische Verfassung nach ihrem Einfluss auf die Zusammensetzung des Senats	63
Die Abschaffung der Censur durch Sulla	67
Das *ius intercedendi* des einen Censors gegen den andern	72
Die Functionen der Censoren bei der senatus lectio, wie sie sich nach Sulla gestaltet hatten	74
Das Fragment der lex Julia de repetundis bei Cic. pro Rab. Post. 5	76

	Seite
4) Die Magistrate im Senat	78
Das *ius sententiae dicendae* in seiner eigentlichen Bedeutung	80
Die bei der Umfrage beobachtete Ordnung	82
Die Sitze der Magistrate	83
Die höhern Magistrate und die Tribunen haben das *ius sententiae dicendae* nicht	85
Das *ius referendi*	93
Das *ius intercedendi*	97
Die niedern Magistrate entbehren ebenfalls das *ius sententiae dicendae*	99
Die Magistrate nehmen nicht Theil an der Discessio	103
Die Functionen der Magistrate im Senat	104
5) Die Tribunen im Senat	106
Die Entwickelungsstufen des senatorischen Rechts der Tribunen	109
Die erste Periode. — Einsetzung des Tribunats	110
Die Beispiele von der Anwesenheit der Tribunen im Senat vor der Zeit der Decemvirn	113
Das Verhältniss der Tribunen zum Senat in dieser Zeit	119
Die zweite Periode. — Das *ius intercedendi* der Tribunen	121
Die Art der Theilnahme der Tribunen an den Senatsverhandlungen in dieser Zeit	125
Die dritte Periode. — Das *ius referendi* der Tribunen	127
Die legislativen Plebiscite bedürfen keiner *patrum auctoritas* nach dem Valerischen Gesetz vom J. 305	131
Was den Tribunen das *ius referendi* verschaffte	138
Die Initiative der Consuln bei Senatsverhandlungen beschränkt	140
Die Stellung der *tribunicii* in dieser Zeit	142
Die vierte Periode. — Das Plebiscitum Atinium	144
Rubino's und Merklin's Ansicht über dies Gesetz	146
Der Inhalt des Gesetzes	149
Die Abfassungszeit des Gesetzes	152
Walter's und Merklin's Urtheil darüber	153
Die Beispiele von Tribunen, welche nicht Senatoren waren	156
Die Stellen, welche das Dasein des Plebiscits voraussetzen	158
Senatoren aus den niedrigsten Ständen	161
Das Gesetz ist kurz vor Sulla gegeben	163
6) Die ordentlichen Mitglieder des Senats	165
Der *census senatorius*	167
Das Senatorische Alter	172
Die *lex Villia annalis* in Bezug auf die Quästur	174

Wie der Senat in der Blüthezeit der römischen Republik zusammengesetzt war, und inwiefern die einzelnen Klassen seiner Mitglieder sich rücksichtlich ihrer Berechtigung von einander unterschieden; dies darzustellen, so vollständig es die Quellen erlauben und so überzeugend als es das bescheidene Maass meiner Fähigkeiten nur immer gestattet, war meine Absicht, und alle Abweichungen vom Thema, die gerade antiquarische Abhandlungen so oft unlesbar machen, sollten streng vermieden werden. Indessen bald genug überzeugte ich mich, dass ein so strenges Festhalten an meinem Plane unausführbar sei, und dass Umwege nicht vermieden werden können, wo der gerade Weg zum Ziel gesperrt ist. Gäbe es freilich eine Verfassungsgeschichte, oder überhaupt eine Geschichte, in der kein einzelner Punkt von den Quellenschriftstellern mit Stillschweigen übergangen, in der alle Theile mit gleicher Bestimmtheit und Einstimmigkeit überliefert wären; dann wäre die Arbeit leicht, Kritik und Combinationen wären ein unnützer Ballast, und eine lichtvolle Anordnung und fliessende Sprache das einzige Verdienst des Historikers. Eine solche Beschaffenheit der Quellen aber ist selbst für die Geschichte unserer Zeit nur ein frommer Wunsch und wird es immer bleiben; immer werden in jeder Geschichte einzelne Punkte sich finden, die von den gleichzeitigen Geschichtschreibern nicht beachtet, immer solche, die von ihnen abweichend dargestellt worden sind. Rathlos würden dann ihre Nachfolger sein, wenn nicht ein anderes

Mittel sie in den Stand setzte, durch Combinationen die Lücken zu ergänzen und durch Anwendung der Kritik die Widersprüche zu lösen. Jede Verfassung ist ein Organismus, dessen einzelne Theile sich gegenseitig bedingen und dessen Entwickelung naturgemäss erfolgen muss; kennt man also die Grundzüge einer Verfassung, so kann man mit Fug auf die Gestalt der übrigen Theile schliessen, und liegt der ganze Organismus deutlich vor, so ist der nicht vermessen zu nennen, welcher den Gang der Entwickelung unter gegebenen Umständen bestimmen zu können vermeint. Auch ich bin in der vorliegenden Abhandlung oft in dem Falle gewesen, mich dieses Mittels bedienen zu müssen, und habe derartige Digressionen nie gescheut, zufrieden wenn die Umwege sich nicht als Abwege erwiesen, und wenn mir und meinen Begleitern auf denselben das Ziel sich auch nicht einen Augenblick aus den Augen verlor. So gehört gleich der Gegenstand des ersten Abschnitts genau genommen nicht zum Thema, und dennoch musste er behandelt werden. Wer nämlich die zu irgend einer Zeit bestehende Einrichtung darstellen will, kann sich des Geschäfts unmöglich entschlagen, den Anfangs- und Endpunkt des Zeitraums genau zu bestimmen, für den seine Darstellung gültig sein soll. Nun war zwar der Endpunkt dieses Zeitraums bald gefunden, denn durch die von Augustus gänzlich veränderte Stellung der Magistrate, durch das von ihm und seinen Nachfolgern ausgeübte Ernennungsrecht und durch die Festsetzung eines besondern senatorischen Census musste die Zusammensetzung des Senats nothwendig ganz anders werden; nicht so war es aber mit dem Anfangspunkt der Periode. Der Senat in der Gestalt, wie wir ihn finden in der Blüthezeit der Republik, bestand noch nicht unter den Königen, er erhielt diese Gestalt auch nicht unmittelbar nach der Vertreibung der Könige; wir müssen also irgend einen Zeitpunkt während des Bestehens der Republik auffinden, von dem mit Grund die den spätern Zeiten eigenthümliche Art der Zusammensetzung des Senats sich herschreiben lässt, und dies vermögen wir nicht, ohne das vorher bestehende Verhältniss, wenn auch nur in den Hauptzügen, uns vor die Augen zu führen.

1. Die lex Ovinia.

In der Blüthezeit der römischen Republik bestand der Senat im Wesentlichen aus denen, die ein Staatsamt bekleidet hatten, und wenn diese Männer auch nur erst nach der wirklich durch die Censoren erfolgten Aufnahme in den Senat ordentliche Mitglieder desselben wurden, so besassen sie doch immer ein Anrecht an diese Ehre, welches nur dann unbeachtet bleiben konnte, wenn sie derselben entweder unwürdig waren, oder doch den Censoren es zu sein schienen. Ein gleich in die Augen fallendes Merkmal der spätern Einrichtung ist damit gegeben, das nämlich, dass der Kern der Senatoren diese Ehre zunächst der Wahl des Volks und dann seiner Würdigkeit, niemals aber, wenigstens dem Rechte nach, der Gunst irgend eines Magistrats verdankte. Nun hat Rubino in seinem trefflichen Werke: „Untersuchungen über römische Verfassung und Geschichte" p. 148, auf das Ueberzeugendste nachgewiesen, dass es gänzlich in der gesetzlich unbeschränkten, wenn auch factisch durch viele Rücksichten gebundenen Willkühr der Könige stand, wen sie in den Senat aufnehmen oder nicht aufnehmen wollten. Nichts als ein consilium regium war der Senat; ohne Potestät, ohne Imperium, ohne alle Selbstständigkeit, ohne irgend ein Mittel, seinen Willen durch sich selbst geltend zu machen, eine Versammlung von Privaten, welche neben dem Könige der eignen Auspicien entbehrte, hatte er, so lange dieser regierte, kein anderes Recht als zu erwarten, dass er bei bedeutenderen Staatsangelegenheiten von ihm berufen und um seinen Rath befragt werden würde. Nicht auf die zu dieser Zeit bestehende Einrichtung könnte also die folgende Darstellung auch Anwendung finden. Freilich weiss ich recht wohl, dass jene Ansicht gerade von den Meistern dieser Wissenschaft verworfen wird, dass die Annahme einer Repräsentation der Curien durch den Senat und einer daraus nothwendig folgenden viel bedeutendern Stellung desselben noch immer die herrschende ist, und dass somit eine Vertheidigung jener von mir als wahr erkannten Ansicht ganz an ihrem Platze sein würde und wohl gar gefordert werden könnte; indessen eine solche Vertheidigung würde nicht geführt werden können, ohne Rubinos Gründe bis ins Einzelne wiederzugeben und ohne ganz mit fremden Mitteln zu kämpfen, ein Geschäft, auf das ich gern verzichte; sie würde ferner von dem geistreichen Urheber der Ansicht unvergleichlich besser geführt werden, als von dem, der das Scharfsinnige seiner Beweisführung wohl erkennt und zu würdigen versteht, ohne es darum doch erreichen zu können; sie würde endlich unnütz sein, da das, worauf es hier allein ankommt, auch noch als in spätern Zeiten bestehend nachgewiesen werden kann.

Eine nach Rücksichten der Gunst und Missgunst erfolgende, lediglich von der Willkühr des Kührenden abhängende Auswahl der Senatoren und eine daraus, wenn auch nicht daraus allein, folgende untergeordnete Stellung des Senats bestand nämlich unverkennbar noch lange nach der Vertreibung der Könige. Wir kommen hier zu jener Stelle des Festus, welche durch die vielen Verbesserungen, die ihr aufgedrungen, und durch die Menge der Erklärungen, die, mehr die Ursache als die Folge derselben, an ihr versucht wurden, ein schlagender Beweis ist von der Willkühr, welche aus allen andern Gebieten des Wissens mehr und mehr vertrieben, in der alt-römischen Geschichte eine freundliche und sichere Zufluchtsstätte gefunden zu haben scheint. Folgendermaassen lauten Festus Worte nach der Ausgabe von O. Müller p. 246: *Praeteriti senatores quondam in opprobrio non erant, quod, ut reges sibi legebant sublegebantque quos in consilio publico haberent, ita post exactos eos consules quoque et tribunos militum consulari potestate coniunctissimos sibi quoque patriciorum et deinde plebeiorum legebant; donec Ovinia tribunicia intervenit, qua sanctum est ut censores ex omni ordine optimum quemque curiati in senatu legerent. Quo factum est, ut qui praeteriti essent et loco moti haberentur ignominiosi.* In dieser Stelle sind offenbar vier Corruptionen, von denen drei leicht entfernt werden können und bereits auf eine Art entfernt worden sind, die keinen Widerspruch gefunden hat und allem Anschein nach auch keinen finden wird. Es sind dies die Verbesserungen von *tribunos* in *tribuni*, von *quoque* nach *sibi* in *quosque* und von *senatu* in *senatum* [1]). Es bleibt also nur noch die Verbesserung des offenbar verdorbenen Wortes *curiati* übrig. Die leichteste Aenderung ist jedenfalls die des Ursinus, nämlich die in *curiatim*, und diese wurde denn auch bis auf die neueste Zeit allgemein angenommen; gerade die Erklärung dieses Wortes hatte aber die meiste Schwierigkeit und veranlasste am meisten die vielen verschiedenen Meinungen über den Sinn des Gesetzes. Man übersetzte es nämlich entweder mit **aus den Curien, nach Curien**, wie Niebuhr und Walter [2]), oder man

---

1) Göttling, Geschichte der römischen Staatsverfassung p. 316, verwirft diese letztere Verbesserung und will die Lesart der Handschriften beibehalten; es macht aber für unsern Zweck keinen Unterschied, ob die senatus lectio im Senat selbst gehalten werden musste oder nicht, und von einer dabei erforderlichen Beistimmung des Senats, die er daraus folgert, ist nirgend die Rede.

2) Der erstere in der römischen Geschichte I, p. 553, der andere in der römischen Rechtsgeschichte p. 100 der 1sten Ausg.; ich weiss aber nicht, ob in der 2ten Ausg. eine andere Ansicht vorgetragen ist.

erklärte es, wie Göttling³), durch lege curiata, im Beisein der 30 Lictoren. Im ersteren Falle traf man auf eine zwiefache Schwierigkeit: man musste entweder mit Niebuhr das Gesetz in sehr früher Zeit, noch unter den Königen gegeben sein lassen, womit dann Festus Worte durchaus nicht zu vereinen sind, oder, wenn man mit Walter die Abfassungszeit des Gesetzes wirklich erst nach Einführung der Censur setzte, so beachtete man nicht, dass in dieser Zeit die Curien keineswegs mehr die Wichtigkeit hatten, dass ihnen etwas vorher Verweigertes jetzt hätte ertheilt sein sollen; beidemal aber wäre es nicht recht deutlich, warum die Uebergangenen vor dem Erlass des Gesetzes weniger als nach demselben beschimpft gewesen wären, vorausgesetzt, dass die Senatoren vorher Vertreter der gentes und nachher der Curien gewesen sein sollen. Erklärte man dagegen *curiatim* mit *lege curiata*, so lag die Hauptschwierigkeit darin, nachzuweisen, dass jener Ausdruck wirklich in diesem Sinne gebraucht wurde; ein Nachweis, der noch nicht geführt ist und schwerlich genügend geführt werden kann.

So standen die Sachen, als Meyer im Hallischen Lectionscataloge zum Wintersemester 1844—1845 durch eine einzige glückliche Conjectur alle jene Schwierigkeiten auf die leichteste Weise beseitigte⁴). Indem er nämlich *iurati* für das verdorbene *curiati* schrieb, eine Verbesserung, die an und für sich betrachtet ebenso wahrscheinlich ist als des Ursinus *curiatim*, wurde es auf einmal klar, warum die übergangenen Senatoren nach dem Gesetz für beschimpft galten, und jede Nöthigung, die Abfassung des Gesetzes in eine frühere als die von Festus

---

3) Geschichte der römischen Staatsverfassung p. 346.

4) Meyer stützt sich dabei auf das Verfahren des Prätors bei der Auswahl der Richter, wovon Cicero pro Cluent. 43 sagt: *praetores urbani, qui iurati debent optimum quemque in selectos iudices referre.*

bezeichnete Zeit zu setzen, war damit glücklich beseitigt. So leicht nun aber auch, so nützlich und nothwendig zugleich diese Emendation ist, so hat sich doch Göttling, römische Urkunden p. 21, dagegen erklärt: er meint nämlich, bei einem unverantwortlichen Magistrat, wie dem der Censoren, hätte es bei dieser einzelnen Handlung eines Schwurs überhaupt nicht bedurft, und das um so weniger, als die subscriptio censoria darum doch nicht habe unterbleiben können. Indessen ist dieser Einwurf an und für sich nicht sehr bedeutend, und wird noch überdem ausdrücklich durch Zonaras' widerlegt, welcher VII, 19 von den Censoren sagt: πίστεις ἐνόρκους ἐφ' ἑκάστῳ πεποίηντο ὡς οὔτε πρὸς χάριν οὔτε πρὸς ἔχθραν τι ποιοῦσιν, ἀλλ' ἐξ ὀρθῆς γνώμης τὰ συμφέροντα τῷ κοινῷ καὶ σκοποῦσι καὶ πράττουσι. Giebt es also, wie es doch den Anschein hat, keinen gewichtigern Einwand, und wollten wir dennoch dergleichen Fortschritte aus übergrosser Behutsamkeit oder um vorgefasster Meinungen willen verschmähen, so würden wir in der That unserm Streben die Wissenschaft weiter zu bringen selbst im Wege stehen, den Bauern vergleichbar, die alle von der Wissenschaft ihnen gebotenen Hülfsmittel eigensinnig von der Hand weisen, und doch sich täglich bemühen, ihrem Acker einen grössern Ertrag abzugewinnen.

Nehmen wir aber auch diese Verbesserung dankbar an, und bekennen wir, durch dieselbe um ein Bedeutendes gefördert zu sein, so bleibt doch immer noch ein dunkler Punkt, der erhellt werden muss, bevor wir den Versuch wagen können, den Sinn des ganzen Gesetzes und die Zeit seiner Abfassung mit einiger Sicherheit zu bestimmen. Es ist dies die Erklärung der Worte *ex omni ordine*, welche, so vielfach sie auch versucht worden ist, dennoch immer nicht unbedeutende Bedenken gegen sich gehabt hat. Erklärt man nämlich diese Worte mit Niebuhr durch *ex senatorio ordine*, so müsste im Gesetz stehen *ex universo ordine*, und ferner müssten die erst in den Senat Aufzunehmenden bereits zum ordo senatorius gehört haben, was in dieser Zeit keineswegs der Fall war; erklärt man es ferner mit Walter durch *ex patriciis et plebeiis*, so müsste Ovinius geschrieben haben *ex utroque ordine* oder *ex ordinibus* [5]); nimmt man endlich mit Meyer nach Suet. Aug. 41 eine weitere Bedeutung des Wortes ordo an, und bezieht man jene Worte auf die verschiedenen Klassen der Bürger, wie Cicero öfter von einem ordo libertinorum, scribarum, viatorum, aratorum, mercatorum u. s. w. redet [6]), so ist die Erklärung zu weit, und man vermisst eine genauere Beziehung auf den Senat, denn unmöglich konnte doch das Gesetz den Censoren die Auswahl der Besten aus allen Klassen verstatten, da ja viele derselben, wie die Freigelassenen, die Schreiber, die Krämer, für alle Zeiten vom Senat ausgeschlossen waren. So viel wird indessen doch aus dem Allen klar, dass die von Meyer geltend gemachte weitere Bedeutung allerdings festzuhalten ist, dass jedoch nur solche Ordnungen darunter verstanden werden können, die auf irgend eine Weise, sei es durch Herkommen oder durch ein ausdrückliches Gesetz, ein Anrecht an die Aufnahme in den Senat hatten; und die Schwierigkeit besteht eben darin, dergleichen ordines in der Mehrzahl aufzufinden. Nun ging die Praxis der spätern Zeit dahin, dass vor allen die gewesenen Magistrate, die consulares, praetorii, aedilitii, tribunicii, quaestorii, Anspruch auf die Aufnahme in den Senat besassen; diese müssten also gemeint sein, vorausgesetzt dass von ihnen die Bezeichnung ordo als

---

5) Liv. IV, 60 mit Drakenborchs Anmerkung.

6) z. B. Cic. in Verr. II, 6: *Quapropter de istius praetura Siciliensi non recuso, quin ita me audiatis, ut, si cuiquam generi hominum, sive Siculorum sive nostrorum civium, si cuiquam ordini, sive aratorum, sive pecuariorum, sive mercatorum probatus sit, --- ut vos quoque ei temperetis.*

gebräuchlich nachgewiesen werden könnte. Nur bleibende Qualitäten oder Functionen begründen einen Stand, sagt Mommsen ganz richtig in seinem Buche über die römischen Tribus p. 57; daher machen weder die sämmtlichen Censoren Siciliens⁷), noch die gewesenen Kriegstribunen einen Stand aus⁸), weil die Functionen der ersteren nur eine kurze Zeit dauern, und weil die Führung des letztern Amtes kein bestimmtes Gepräge aufdrückt und keinerlei Gemeinschaft unter diesen gewesenen Kriegstribunen besteht. Keines von beiden lässt sich von den in Rede stehenden Klassen sagen, denn es besteht allerdings eine gleiche Qualität unter ihnen, nämlich der gleiche Rang im Senat, und diese Qualität ist auch bleibend, so lange sie nicht freiwillig aufgegeben wird. Hierzu kommt noch, dass die Bedeutung des Wortes ordo keineswegs immer so streng gefasst, dass damit vielmehr auch häufig schlechthin die Rangstufe, die Jemand einnimmt, bezeichnet wird. So sagt Livius V, 46: (*Caedicius centurio*) *memor ordinis sui*, und XXVII, 46: *Tessera per castra ab Livio consule data erat, ut tribunum tribunus, centurio centurionem, eques equitem, pedes peditem acciperet. - - - - - Silentio ingressi ab sui quisque ordinis hominibus in tentoria abducti.* Dass also die Benennung ordines auch von unseren Klassen, die allerdings gewöhnlich gradus genannt worden sein mochten⁹), füglich gebraucht werden konnte, lässt sich nicht wohl bezweifeln; dass sie aber wirklich so gebraucht worden ist, zeigt eine Stelle des Livius im 23sten Cap. des 23sten Buches. Hier sagt nämlich der Dictator M. Fabius Buteo, welcher den durch die vielen Niederlagen gelichteten Senat wieder ergänzen sollte: *Quae immoderata fors, tempus ac necessitas fecerint, iis se*

---

7) in Verr. l. II, 55.
8) VI Phil. 5.
9) Gellius XIV, 7.

modum impositurum. Nam neque senatu quemquam motu-rum ex iis, quos C. Flaminius, L. Aemilius censores in senatum legissent, transscribi tantum recitarique eos iussurum, ne penes unum hominem iudicium arbitriumque de fama ac moribus senatoris fuerit, et ita in demortuorum locum sublecturum, ut ordo ordini, non homo homini praelatus videretur; und Livius berichtet dann weiter: *Recitato vetere senatu, inde primos in demortuorum locum legit, qui post L. Aemilium et C. Flaminium censores curulem magistratum cepissent, necdum in senatum lecti essent, ut quisque eorum primus creatus erat: tum legit qui aediles, tribuni plebei quaestoresve fuerant: tum ex iis qui magistratus non cepissent, qui spolia ex hoste fixa domi haberent aut civicam coronam accepissent.* An dem Gebrauch des Wortes in diesem Sinne ist also nicht zu zweifeln, und es kann um so weniger befremden, dass gerade dieser Ausdruck vom Gesetzgeber angewandt worden ist, weil in dem Gesetz, das die Auswahl der Senatoren festen Regeln unterwerfen wollte, die Berechtigten einzeln ohne Zweifel schon angeführt waren, und dann ein Missverständniss bei den Worten ex omni ordine nicht mehr zu fürchten war.

Somit hat sich denn folgendes als der wesentliche Inhalt des Gesetzes herausgestellt: Die Censoren werden angewiesen, aus allen zur Aufnahme in den Senat berechtigten Klassen, nach vorher abgelegtem eidlichen Versprechen gewissenhaft verfahren zu wollen, die würdigsten Männer auszuwählen und ihnen den senatorischen Rang zu verleihen. Dabei blieb den Censoren natürlich unbenommen, im Fall die nöthige Anzahl Ersatzmänner unter jenen Berechtigten nicht zu finden war, die noch erledigten Sitze mit Rittern zu besetzen; weiter aber ging ihre Befugniss nicht. Denn dass die Censoren die Anzahl der Senatoren nach Willkühr hätten vermehren oder vermindern dürfen, ist schwerlich anzunehmen, da es noch in später Zeit als etwas Auffallendes erwähnt wird, dass die Censoren πάντας τοὺς ἐν ταῖς ἀρχαῖς γενομένους ἐς τὸ βουλευτικὸν καὶ ὑπὲρ τὸν ἀριθμὸν ἐσέγραψαν [10]), und da auch Spurius Carvilius dann schwerlich über die paucitas civium, ex quibus in patres legerentur, hätte klagen und hierauf seinen Vorschlag gründen können, aus den Latinern den Senat zu ergänzen [11]).

Wir kommen jetzt, nachdem der Sinn des Gesetzes möglichst genau bestimmt worden ist, zu der zweiten, nicht weniger schwer zu beantwortenden Frage nach der **Abfassungszeit des Gesetzes**. Dass das Gesetz nicht vor der Errichtung der Censur, also nicht vor dem Jahre 311, gegeben sein kann, bedarf keines Beweises, denn die Worte des Gesetzes selbst setzen die Censur als bestehend voraus. Ob aber erst durch das Gesetz die lectio senatus den Censoren übertragen, oder ob sie bereits die Function der Censoren gewesen, und diese durch das Gesetz nur mehr beschränkt worden ist; für die Entscheidung dieser Fragen bietet die Fassung des Gesetzes keinen Anhalt, und die Argumentation, welche sie herbeiführen will, kann sich nur auf die einleitenden Worte des Festus stützen. Setzen wir zunächst die zweite Möglichkeit als wirklich, und nehmen wir an, die Censoren hätten schon vor dem Gesetz das Recht der senatus lectio besessen, so ist es klar, dass sie dieses nach denselben Grundsätzen ausgeübt haben würden, wie die von Festus genannten Könige, Consuln und Kriegstribunen, denn erst durch die lex Ovinia wurde das bei der Auswahl der Senatoren geltende Princip umgestossen. Dann hätten aber neben jenen, welche nach alter Art die senatus lectio hielten, auch die Censoren genannt werden müssen, und dass sie nicht genannt werden, kann nur darin seinen

---

10) Dio Cassius XXXVII, 46.
11) Livius XXIII, 22.

Grund haben, weil sie vor dem Gesetze jenes Recht eben nicht besassen. Nun könnte dasselbe entweder gleich den ersten Censoren übertragen worden sein, oder irgend welchen ihrer Nachfolger. Die ersten Censoren besassen aber jenes Recht noch nicht, denn, hätten sie es besessen, so hätten die Kriegstribunen von Festus gar nicht genannt werden können, weil die ersten des Jahrs 310 wegen eines bei der Wahl vorgekommenen Fehlers abdanken mussten, und gleich im folgenden Jahre Censoren gewählt wurden; es müssen ferner auch die zweiten Censoren jene Befugniss entbehrt haben, denn sonst würden sie den Aemilius Mamercus, über den sie alle ihnen zu Gebote stehenden Strafen verhängten, ohne Zweifel auch aus dem Senate gestossen haben, wovon bei Liv. IV, 24 nichts zu lesen ist [12]). Folglich kann frühestens erst das dritte Censorenpaar jenes Recht erhalten und das Gesetz nicht vor dem Jahre 320 gegeben worden sein.

Das Geschäft die Senatoren auszuwählen ist erst durch die lex Ovinia den Censoren, nicht aber dem ersten und auch nicht dem zweiten Censorenpaare, übertragen worden; — dies ist das Resultat unserer Beweisführung, und wohl vertragen sich mit demselben die folgenden Worte des Livius, womit er uns die Einsetzung der Censur berichtet. *Idem hic annus censurae initium fuit, rei a parva origine ortae, quae deinde tanto incremento aucta est, ut morum disciplinaeque Romanae penes eam regimen, senatus equitumque centuriae, decoris dedecorisque discrimen sub ditione eius magistratus, publicorum ius privatorumque locorum, vectigalia populi Romani sub nutu atque arbitrio essent. Ortum autem initium rei est, quod in populo per multos annos incenso neque differri census poterat, neque consuli-*

---

12) Dass die härtere Strafe die minder harte nicht unbedingt voraussetzt, zeigt Liv. XXIX, 37.

bus, cum tot populorum bella imminerent, operae erat id negotium agere.

So haben wir also ein Jahr, vor dem das Gesetz nicht kann gegeben sein; suchen wir nun das nächste, nach dem es nicht gegeben sein kann. Die erste von Censoren gehaltene lectio senatus ist, so weit wir berichtet sind, die des Appius Claudius vom Jahr 442. Diese lectio ging aber unter so eigenthümlichen Umständen von Statten, dass gerade sie für Meyer Veranlassung wurde, eine spätere Entstehungszeit des Gesetzes anzunehmen. Von des Appius und Plautius Censur heisst es nämlich bei Livius IX, 29: *ob infamem atque invidiosam senatus lectionem verecundia victus, collega (Appii) magistratu se abdicaverat,* und dann im 30sten Cap.: *consules, qui eum annum secuti sunt, - - - initio anni questi apud populum deformatum ordinem prava lectione senatus, qua potiores aliquot lectis praeteriti essent, negaverunt eam lectionem se, quae sine recti pravique discrimine ad gratiam ac libidinem facta esset, observaturos, et senatum extemplo citaverunt eo ordine, qui ante censores Ap. Claudium et C. Plautium fuerat;* — und allerdings muss man nach diesen Stellen zugeben, dass die lex Ovinia von Appius nicht beobachtet wurde. Indessen die Nichtbeachtung eines Gesetzes beweist niemals das Nichtvorhandensein desselben; dass aber Appius Handlungsweise eine Gesetzesverletzung in sich schloss, wird schon dadurch wahrscheinlich, dass er sich nicht scheute auch andere Gesetze offen zu übertreten, und zur Gewissheit wird diese Wahrscheinlichkeit, wenn man die Aufnahme beachtet, welche seine Maassregel fand. Wäre Appius gesetzlich befugt gewesen, die Senatorenliste so zu entwerfen, wie er es that, so hätten die Consuln diese nicht als nicht vorhanden betrachten dürfen, denn von einer solchen Verwerfung der Senatorenliste durch die Consuln findet sich kein Beispiel wieder in der ganzen römischen Geschichte. Die Ueberschreitung irgend einer gesetzlichen Anordnung durch Appius ist also nicht zu bezweifeln, und sie muss gerade in dem gelegen haben, was die Consuln nachher als Motiv zur Aufhebung jener Maassregel anführten. Wäre nämlich z. B. die Intercession des Collegen von Appius nicht beachtet worden [13]), so würden die Consuln jedenfalls nicht versäumt haben, diese offenbare Rechtsverletzung als Rechtfertigungsgrund ihres Verfahrens geltend zu machen. Statt dessen führen sie aber als solchen etwas ganz Anderes an, Appius hätte bessere Männer übergangen und schlechtere aufgenommen, und nur seine Neigung oder Abneigung hätten ihn bei der Auswahl geleitet; hierin muss also die Gesetzesverletzung gelegen haben. Nun war vor der lex Ovinia das nicht verhehlte Princip bei der Auswahl die Gunst oder Missgunst des Wählenden, und erst durch jenes Gesetz wurde ein anderes an dessen Stelle gesetzt; hätte also das Gesetz damals noch nicht bestanden, so wäre Appius vollkommen in seinem Rechte gewesen, und nur etwa die Aufnahme von Freigelassenen, die jetzt gar nicht hervorgehoben wird, hätte Anlass zum Widerspruch geben, und die Ausstossung dieser, nicht aber die Verwerfung der ganzen Auswahl zur Folge haben können.

Somit hat sich denn der freilich immer noch sehr grosse Zeitraum von 320—442 uns als der ergeben, innerhalb dessen das Entstehungsjahr unseres Gesetzes jedenfalls zu suchen ist. Hier aber verlassen uns die Quellen gänzlich, und unsere letzte Zuflucht bleibt das Mittel, dessen ich oben gedachte: nur der ganze Organismus der

---

13) Man könnte wohl auf diesen Gedanken kommen, weil Plautius *ob infamem atque invidiosam senatus lectionem verecundia victus* abdankte; indessen bei genauerer Betrachtung zeigen auch diese Worte, dass Plautius sich keineswegs seinem Collegen widersetzt, dass er vielmehr aus Schwäche nachgegeben hatte, jetzt aber dieser Schwäche sich schämte und den bösen Folgen derselben durch eine Abdankung zuvorkommen wollte.

damaligen römischen Verfassung kann uns lehren, das fehlende Glied zu ergänzen.

Wenn die Absicht des Gesetzes dahin ging, dass künftig der Senat vorzugsweise aus den gewesenen Magistraten ergänzt würde, so muss die Anzahl dieser Magistrate ungefähr wenigstens hingereicht haben, den Abgang der Senatoren zu decken. Der Senat bestand in jener Zeit aus ungefähr 300 Mitgliedern, und als das zum Eintritt befähigende Alter kann füglich das 30ste Lebensjahr angenommen werden, wenigstens würde die hierbei jedenfalls vorgekommene Schwankung für unsern Zweck von keiner Bedeutung sein. Setzen wir nun ferner die durchschnittliche Lebensdauer auf 60 Jahre, also eher zu viel als zu wenig, so müsste binnen 30 Jahren ein neuer Senat entstanden sein, und die Zahl derer, welche während dieser Zeit Aemter verwalteten und nicht schon Senatoren waren, müsste annähernd wenigstens 300 betragen. Nun pflegten ums Jahr 320 die tribuni und wahrscheinlich auch die aediles plebis bei der senatus lectio noch nicht berücksichtigt zu werden [14]; es würden also als zum Senat befähigende Aemter nur das Consulat, das consularische Kriegstribunat und die Quästur bleiben. Wie wenig aber diese hinreichten jenen Ausfall zu decken, kann jeder leicht erkennen, wenn er sich die Mühe nimmt, die Magistratslisten bei Livius, z. B. von den Jahren 320—360 durchzusehen, vorausgesetzt, dass er die Kriegstribunen oder Consuln, welche zweimal oder öfter gewählt wurden, und die Consuln, die schon Kriegstribunen gewesen waren, nur einmal zählt, und dass er die Zahl der Quästoren sehr gering anschlägt, weil die meisten davon ohne Zweifel auch die höheren Aemter erhielten und dann als solche mitgezählt werden. Dies Verhältniss änderte

---

14) Dies wird weiter unten in dem von den Tribunen handelnden Abschnitte nachgewiesen werden.

sich gründlich erst in Folge der Licinischen Gesetze, denn durch diese wurden nicht nur mehrere neue Aemter geschaffen, 1 Prätor und 2 Aedilen, sondern auch die 10 Volkstribunen, welche damals in der Regel wohl nicht Quästoren gewesen waren, und die plebejischen Aedilen erhielten nun Anspruch, in den Senat aufgenommen zu werden; gewiss eine bedeutende und völlig zureichende Vermehrung der Exspectanten.

Schon die Rücksicht auf die Ausführbarkeit der Verordnung räth also, sie erst nach den Licinischen Gesetzen zu setzen; noch mehr spricht aber dafür das damals bestehende Verhältniss der Stände zu einander. Vor dem Decemvirat war der Senat im ausschliesslichen Besitze der Patricier, und es musste diesem Stande nothwendig von der äussersten Wichtigkeit sein, diese mächtige Körperschaft von allen fremdartigen Bestandtheilen möglichst rein zu erhalten. Unmittelbar nach dem Decemvirat aber im Jahr 309 erkämpften die Plebejer zwei wichtige Rechte, welche die Reinheit des Senats nicht wenig gefährdeten. Indem nämlich die Wählbarkeit zu dem neuen Amte, dem consularischen Kriegstribunate, auch auf die Plebejer ausgedehnt wurde, erhielten die Gewählten Anspruch auf die Aufnahme in den Senat und konnten möglicherweise selbst Wähler werden. Indem ferner das Connubium zwischen beiden Ständen eingeführt wurde, wurden viele von den vornehmsten Patriciern mit dem zweiten Stande verwandt und verschwägert, und um dieser Familienverbindungen willen mochten auch plebejische Exspectanten bei der Auswahl der Senatoren nicht immer möglichst zurückgesetzt werden. Indessen war auch jetzt das Interesse der Patricier noch keineswegs so gefährdet, wie es auf den ersten Blick erscheinen könnte; denn einestheils wurden durch die Kunstgriffe und Ränke der Patricier plebejische Kriegstribunen immer nur in grosser Minderzahl, und zuletzt eine lange Reihe von Jahren gar nicht mehr gewählt;

andrerseits mochten die Patricier sich auch das Recht der senatus lectio vorbehalten haben, und konnten dann die Aufnahme der Plebejer um so mehr beschränken, wenn Gunst oder Missgunst des Kührenden noch immer als die bei der Auswahl geltende Richtschnur anerkannt wurde. Mochten sie also jetzt auch den Senat nicht mehr ganz rein von plebejischen Elementen halten können, so war doch die Entstehung einer plebejischen Majorität in demselben keinenfalls und am wenigsten dann zu fürchten, wenn jener Grundsatz fortwährend in Geltung blieb. Eine Aenderung dieses Grundsatzes konnte also, so lange dieser Zustand währte, nicht im Interesse der Patricier liegen; eine solche Aenderung aber, im Interesse der Plebs von einem Volkstribunen beantragt, würde unausbleiblich zu heftigen Kämpfen geführt haben, und die Kunde davon würde uns nicht ganz verloren gegangen sein.

Im Jahre 388 traten nach zehnjährigen Kämpfen die Licinischen Gesetze ins Leben, und eine gänzliche Umgestaltung der Verfassung war die nothwendige Folge. Die Hälfte der höchsten Gewalt war auf immer für die Patricier verloren, und ihr ganzes Streben konnte jetzt nur dahin gehen, so viel als irgend möglich jenem Amte zu entziehen und sich vorzubehalten. So wurden die Prätur und curulische Aedilität errichtet, und wichtige Befugnisse des geplünderten Consulats waren ihre Ausstattung. Unter solchen Umständen konnte denn auch schwerlich das wichtige Recht der senatus lectio dem eifersüchtigen Blicke der Patricier entgehen; denn diese Befugniss, so gut als unumschränkt wie sie vor der lex Ovinia war, in den Händen zweier Männer, von denen der eine immer ein Plebejer war, musste nothwendig die Majorität der Patricier im Senat bald vernichten und konnte leicht eine plebejische Majorität herbeiführen. Sie also dem Consulat zu entziehen und einer damals noch ausschliesslich patricischen Behörde zu übertragen, gebot dringend das Interesse des ganzen Standes. Ebenso laut aber sprach das Interesse der Plebejer gegen eine solche Maassregel; denn unmöglich konnten sie der Willkühr zweier Patricier die Wahl einer Körperschaft anheimgeben wollen, welche, wenn sie ganz dem patricischen Interesse dienstbar blieb, leicht die ganze Errungenschaft der Licinischen Gesetze in Frage stellen konnte. Indessen das grosse Zugeständniss der Patricier hatte sie zur Nachgiebigkeit geneigt gemacht, überdem konnten sie auch mit einiger Gewissheit voraussehen, dass bald auch die Censur ihnen nicht mehr verschlossen sein würde; auch hier also, wie bei der Errichtung der Prätur und curulischen Aedilität gaben sie nach, jedoch nicht ohne den üblen Folgen, die ihre Nachgiebigkeit möglicherweise haben konnte, so viel als thunlich vorzubeugen. Man übergab allerdings den Censoren die Befugniss, die Senatoren auszuwählen; man beschränkte aber die Willkühr der Wählenden, indem man die Personen bestimmte, die vor allen aufzunehmen waren und die nur im Fall ihrer Unwürdigkeit übergangen werden durften. So denke ich mir die Entstehung der lex Ovinia, und so erkläre ich es, dass der Antrag darauf von einem Volkstribunen ausging und dass er durchging, ohne grossen Widerspruch von Seiten der Patricier zu finden.

Somit habe ich denn bewiesen, dass die in der Blüthezeit der römischen Republik bestehende Sitte den Senat zu ergänzen sich von der lex Ovinia herschreibt, ich habe ferner gezeigt, dass dies Gesetz innerhalb der Jahre 320—342 gegeben sein muss, und ich habe es endlich wahrscheinlich gemacht, dass die durch die Licinischen Gesetze bewirkte Umgestaltung der Verfassung auch dies Gesetz veranlasst hat, und dass es beantragt und angenommen worden ist kurze Zeit nach diesen Gesetzen. Von den Licinischen Gesetzen also bis zur Alleinherrschaft des Augustus, dies ist die Zeit, für welche meine Darstellung Geltung haben soll.

2. Die senatores pedarii.

Non pauci sunt, qui opinantur pedarios senatores appellatos, qui sententiam in senatu non verbis dicerent, sed in alienam sententiam pedibus irent. Quid igitur? Cum senatusconsultum per discessionem fiebat, nonne universi senatores sententiam pedibus ferebant? Atque haec etiam vocabuli istius ratio dicitur, quam Gabius Bassus in commentariis suis scriptam reliquit. Senatores enim dicit in veterum aetate, qui curulem magistratum gessissent, curru solitos honoris gratia in curiam vehi, in quo curru sella esset, supra quam considerent, quae eam ob causam curulis appellaretur; sed eos senatores, qui magistratum curulem nondum ceperant, pedibus itavisse in curiam, propterea senatores nondum maioribus honoribus functos pedarios nominatos. M. autem Varro in satira Menippea, quae ἱπποκύων inscripta est, equites quosdam dicit pedarios appellatos; videturque eos significare, qui nondum a censoribus in senatum lecti senatores quidem non erant, sed, quia honoribus populi usi erant, in senatum veniebant et sententiae ius habebant. Nam et curulibus magistratibus functi, qui nondum a censoribus in senatum lecti erant, senatores non erant, et qui in postremis scripti erant, non rogabantur sententias, sed quas principes dixerant in eas discedebant. Hoc significabat edictum, quo nunc quoque consules, cum senatores in curiam vocant, servandae consuetudinis causa translatitio utuntur. Verba edicti haec sunt: Senatores quibusque in senatu sententiam dicere licet.

Dies sind Worte des Gellius im 18ten Cap. des 3ten Buchs, und sie bilden die Grundlage, worauf die ganze nachfolgende Darstellung sich stützen muss. Drei Erklärungen des dunklen Ausdrucks werden nach einander aufgeführt; Erklärungen, die in der Sache sowohl als in der Genauigkeit der Fassung wesentlich von einander abweichen. Fassen wir das Letztere zuerst ins Auge, so kann uns offenbar bei der Erklärung historischer und längst verschollener Begriffe eine regelrechte Definition allein nicht genügen. Die Definition will die Grenzen des Begriffs so bestimmen, dass kein Gegenstand, der ihm nicht angehört, darunter gebracht, und keiner, der ihm angehört, davon ausgeschlossen werden kann. Dies erreicht sie vollkommen genügend, wenn sie den höhern Gattungsbegriff anführt und dann das specifische Merkmal des zu erklärenden Begriffs hinzufügt. Welches aber die Gegenstände sind, die wirklich unter den Begriff gehören, dies zu entscheiden überlässt sie dem Urtheil jedes Einzelnen, und dies kann wiederum nicht gebildet werden, wenn die einzelnen Gegenstände nach ihren Merkmalen unbekannt sind. Nun sind aber bei geschichtlichen Untersuchungen die Merkmale der zu subsumirenden Gegenstände häufig unbekannt; der Umfang eines Begriffs würde also aus einer solchen Definition nicht bestimmt werden können. Wenn z. B. die erste der hier vorliegenden Erklärungen so lautet: die Pedarier sind diejenigen Senatoren, welche nur an der discessio Theil nahmen, so ist sie als Definition betrachtet völlig untadelhaft, und dennoch für sich allein für den Zweck der Geschichte nicht ausreichend. Weil wir nämlich die Merkmale der zu subsumirenden Gegenstände, d. h. hier die verschiedenen Befugnisse der einzelnen Klassen von Senatoren, nicht kennen, so kann das richtig angegebene Kennzeichen der Pedarier nicht angewandt werden, und die Frage bleibt unbeantwortet, welche Senatoren nun eigentlich Pedarier genannt worden sind. Wollte man dagegen, um diesen Mangel zu vermeiden, einen Begriff dadurch erklären, dass man die Gegenstände geradezu anführte, deren Gesammtheit den Begriff ausmacht, so würde man in den entgegengesetzten Fehler verfallen: man würde den Umfang des Begriffs wohl kennen, seinen Inhalt aber unter gleicher Voraussetzung nicht finden können. Sagt z. B. Varro in der dritten Erklärung: die Pedarier sind gewisse Ritter im Senat; so würde, abgesehen von der durch das quidam veranlassten ungenauen Bestimmung des Umfangs, über die Senatoren, welche zu den Pedariern gehörten, allerdings kein Zweifel sein, man würde aber schlechterdings nicht finden können, wie sich die Pedarier von den übrigen Senatoren unterschieden und warum sie so genannt wurden. Sowohl die erste als die dritte jener Erklärungen ist also unvollständig, und jede bedarf einer anderswoher kommenden Ergänzung. Nur die zweite leidet an keinem Mangel in der Form; denn alle unsere Anforderungen werden befriedigt, wenn wir lesen: die Pedarier sind diejenigen Senatoren, welche zu Fuss in die Curie gingen, und zu Fuss gingen alle, welche noch nicht curulische Aemter bekleidet hatten.

Eine andere Frage ist aber die nach der Vollständigkeit, eine andere die nach der Richtigkeit jener Erklärungen. Sehen wir jetzt, wie sie sich in dieser Beziehung zu einander verhalten.

Wenn Gabius Bassus sagt, die pedarii seien deshalb so genannt worden, weil sie in die Curie gingen, während die andern fuhren, und gegangen wären die, welche nur niedere Aemter verwaltet hatten, so ist gegen die Angemessenheit und selbst gegen die Wahrscheinlichkeit seiner Erklärung nicht das Geringste einzuwenden, vorausgesetzt dass das Factum, worauf sie sich stützt, sich als richtig bewährt. Dies ist aber nicht der Fall. Wir wissen nämlich mit einer Sicherheit, wie sie in solchen Fällen kaum erwartet werden kann, dass das Recht in die Curie zu fahren zu keiner Zeit eine Auszeichnung der curulischen Magistrate war, dass es vielmehr nur einzelnen hervorragenden Männern, und auch diesen nur äusserst sparsam ertheilt wurde [1]). Die Erklärung des Gabius Bassus

---

1) Plinius N. H. VII, 43 sagt vom Metellus, welcher das Palladium aus dem brennenden Vestatempel errettet hatte und in Folge

muss also falsch sein und kann auf eine weitere Berücksichtigung keinen Anspruch machen.

Wenden wir uns nun zu der von Gellius zuerst angeführten Ansicht, nach welcher die Pedarier solche Mitglieder des Senats waren, welche, ohne eine eigne Meinung abzugeben, nur über die von andern geäusserten Gutachten bei der discessio abstimmten, so müssen wir eingestehen, dass sie sich sehr durch die Leichtigkeit empfiehlt, mit welcher der auffallende Name erklärt wird, dass sie ferner sehr gut zu den Formen passt, welche bei den Berathungen im Senat beobachtet wurden, und dass sie endlich durch das sehr gewichtige Zeugniss des Festus in allen Punkten bestätigt wird.[2]) Wir finden ferner auch nichts, was Zweifel an der Richtigkeit dieser Erklärung hervorrufen könnte; wenigstens kann der Einwand des Gellius, dass alle Senatoren an der discessio Theil genommen und somit alle Pedarier hätten genannt werden müssen, schwerlich für irgend erheblich erachtet werden, da in der Erklärung offenbar die gemeint sind, welche ihre eigne Ansicht nie aussprachen und immer nur an der discessio Theil nahmen. Wollte jemand aber die Erklärung zwar annehmen, dennoch aber behaupten, der Name pedarii bezeichne keine bestimmt abgegrenzte Klasse, sondern nur solche Senatoren, die aus Trägheit sich jeder selbstständigen Meinungsäusserung enthielten, so mag folgender Schluss dazu dienen, ihn von der Unhaltbarkeit seiner Behauptung zu überzeugen. Jeder Senator, wel-

---

dessen erblindet war: *Tribuit ei populus Romanus, quod nunquam ulli alii ab condito aevo, ut, quoties in senatum iret, curru veheretur in curiam.* Hierzu kommen noch die Stellen über den Appius Claudius Cäcus: Plut. Pyrrh. 18, Val. Max. VIII, 13, 5.

2) Fest. p. 210 ed. Müller: *Pedarium senatorem significat Lucilius, quom ait „Agipes vocem mittere coepit." Qui ita appellatur, quia tacitus transeundo ad eum, cuius sententiam probat, quid sentiat indicat.* Dasselbe lehrt auch der von Gellius a. a. O. aus einer Mime des Laberius angeführte Vers: *Caput sine lingua pedaria sententia est.*

cher um seine Meinung gefragt wurde, musste unweigerlich antworten³), der Vorsitzende musste alle fragen, welche das Recht hatten gefragt zu werden⁴), folglich konnte Niemand, der überhaupt die Befugniss zu sprechen hatte, sich dem Antworten entziehen und seine Mitwirkung bis zur discessio aufsparen, und es mussten also diejenigen, die nicht sprachen, eine besondere Klasse bilden, welche gar nicht das Recht zu sprechen hatte. ⁵)

3) Der vom Consul Scipio um seine Meinung befragte Senator Fulvius sagt bei Liv. XXVIII, 45: *Itaque a vobis, tribuni plebis, postulo, ut sententiam mihi ideo non dicenti, quod, etsi in meam sententiam discedatur, non sit ratum habiturus consul, auxilio sitis*; und Livius berichtet dann weiter: *Inde altercatio orta, cum consul negaret, aequum esse tribunos intercedere quominus suo quisque loco senator rogatus sententiam dicat*.

4) Dies erhellt einmal aus dem Ausdruck perrogare sententias, z. B. Liv. XXIX, 19: *Perrogari eo die sententiae, accensis studiis pro Scipione et adversus Scipionem, non potuere*; zweitens daraus, dass ein Senator auch gegen den Willen des Vorsitzenden durch zu langes Reden die Beschlussnahme verhindern konnte, denn dies hätten ja die Vorsitzenden leicht vermeiden können, wenn sie ihn gar nicht gefragt hätten. So sagt Cicero de legg. III, 18: *Nec est unquam longa oratione utendum, nisi aut peccante senatu, quod fit ambitione saepissimum, nullo magistratu adiuvante, tolli diem utile est*; ferner Gell. IV, 10: *C. Caesar consul M. Catonem sententiam rogavit. Cato rem quae consulebatur, quoniam non e republica videbatur, perfici nolebat. Eius rei ducendae gratia longa oratione utebatur eximebatque dicendo diem. — — Caesar consul viatorem vocavit, eumque, cum finem non faceret, prendi loquentem et in carcerem duci iussit*, und viele andere Stellen, wie Cic. ad fam. VIII, 11, ad Qu. fr. II, 1.

5) Becker, welcher im Handb. der röm. Alterthümer II, p. 432 die eben verworfene Ansicht zu begründen strebt, stützt sich dabei auf zweierlei: 1) auf das Beispiel des Livius Salinator, der als Consular nicht senator pedarius sein konnte, und von dem es dennoch bei Liv. 27, 34 heisst: *aut verbo assentiebatur aut pedibus in sententiam ibat*, und 2) auf die Formel perrogare sententias, welche voraussetze, dass alle Senatoren vom ersten bis zum letzten gefragt worden seien. Indessen, was das Erste betrifft, so konnte Livius sehr wohl bisweilen auch nur pedibus votiren, wenn auch jeder, der gefragt wurde, unweigerlich seine Meinung sagen musste, denn es gab ja Senatsbeschlüsse, die nur per discessionem zu Stande kamen; was aber das Zweite betrifft, so kann jene Formel doch nur heissen: **alle**

Das charakteristische Merkmal der Pedarier wäre somit gefunden, und wir wären am Ziele, wenn nicht der schon oben an dieser Erklärung gerügte Mangel uns in Ungewissheit liesse über die Personen, denen jenes Merkmal füglich zugeschrieben werden kann. Hier bedürfen wir einer Ergänzung, und wir suchen sie natürlich zunächst in der Erklärung, die uns Varro giebt.

Gewisse Ritter, sagt er, hiessen Pedarier; in der That eine seltsame Notiz, die wenig geeignet scheint, die Auflösung des Räthsels zu erleichtern. Gewisse Ritter könnten ja auch schlechthin Ritter gewesen sein, die um irgend einer unbekannten Ursache willen pedarii genannt worden sind; was bürgt uns denn dafür, dass darunter eine Klasse Senatsmitglieder von ihm verstanden worden ist? Etwa die Aussage des Gellius? Nun wenn lauter solche Männer das *iurare in verba magistri* gepredigt hätten, schwerlich würde dann wohl eine Warnung vor dieser Unsitte nöthig geworden sein. Indessen Gellius hat Varros Buch gelesen und wir es nie zu Gesicht bekommen; in solchem Falle muss man wohl dem Augenzeugen vertrauen, auch wenn er nicht besonders hellsehend ist. Gut also, es waren gewisse Ritter im Senat, die Varro meint: was haben wir damit gewonnen? Alles, wie es fast scheint; denn Ritter im Senat konnten nur solche sein, die vor der Aufnahme durch die Censoren Sitz und Stimme in demselben hatten, und Gellius sagt ausdrücklich, Varro habe diese wirklich mit jener Benennung gemeint. Dennoch muss ich eine solche Auffassung der Sache entschieden verwerfen, und denke auch den Beweis dafür nicht schuldig zu bleiben. Vorher

---

die befragen, die das Recht gefragt zu werden hatten, und die Stelle des Dionys XI, 21, wo allerdings alle gefragt wurden, ist auch in andern Beziehungen schwer zu erklären, und gehört überdies in eine Zeit, von der bei ganz verschiedener Zusammensetzung des Senats nicht auf die unsrige geschlossen werden kann.

aber bitte ich, es nicht zu übersehen, dass die von Gellius gegebene Erklärung eine lediglich von ihm herrührende, aus dem Schatze seiner antiquarischen Kenntnisse und zunächst aus den vorstehenden Varronischen Worten gebildete Ansicht ist, denn schwerlich würde Gellius, wenn Varro deutlicher gesprochen hätte, so sehr seine Natur verläugnet haben, dass er diese Worte nicht wörtlich abgeschrieben hätte. Nicht mit Varro also, dem einsichtigen Kenner des römischen Alterthums, haben wir es zu thun, sondern mit einem Manne, der uns zwar oft von seiner grossen Belesenheit, sehr selten aber davon Beweise gegeben hat, dass er die aufgehäuften Kenntnisse mit Verstand zu gebrauchen wusste. Nur auf den Materialien, die er vor uns voraus hatte, beruht seine Auctorität, und eben diese Materialien giebt er uns hier, das willkommene Mittel sein Urtheil einer Prüfung zu unterwerfen.

„Varro, sagt er, meint mit seinen Rittern diejenigen, welche nach der Verwaltung eines Amtes von den Censoren noch nicht in den Senat aufgenommen waren, wohl aber in denselben kamen, und das ius sententiae besassen;" — und so weit scheint alles seine Richtigkeit zu haben. Erst da fängt die Verwirrung an, wo der Grund angegeben werden soll, warum diese gerade pedarii genannt worden seien. „Denn, fährt er fort, auch die, welche curulische Aemter bekleidet hatten, waren nicht Senatoren, so lange sie nicht von den Censoren aufgenommen worden waren, und die im Album der Senatoren zuletzt Stehenden (*qui in postremis scripti erant*) wurden nicht um ihre Meinung befragt, sondern traten den von den Vornehmsten geäusserten Meinungen bei. Dies bezeichneten die Worte des Edicts, welches noch jetzt die Consuln des Herkommens wegen anwenden: Senatoren und ihr, denen das Recht zusteht eure Meinung im Senat zu sagen." Ich betrachte jetzt diese Stelle nur in Bezug auf die Pedarier, und lasse vorläufig auch alle stylistischen Unrichtigkeiten unbeachtet, weil ich darauf im folgenden Abschnitt zurückkommen muss; ich frage also nur: wie konnte Gellius als Grund der Benennung pedarii anführen, dass die damit Bezeichneten nur an der discessio Theil nahmen, er, der eben diese Erklärung kurz vorher verworfen hatte? wie konnte er ferner denen, welche das ius sententiae dicendae besassen, das Recht ihre Meinung zu äussern absprechen, da doch „still sein" das Gegentheil von „sprechen" ist? wie konnte er endlich die, *qui in postremis scripti erant*, mit diesen gewesenen Magistraten in Verbindung bringen, da dieser Ausdruck doch nichts anderes bezeichnen kann, als was ich oben angab, „die im senatorischen Album zuletzt Stehenden", also von den Censoren schon aufgenommene wirkliche Senatoren? Es leuchtet ein, dass grosse Verwirrung in dieser Stelle herrscht, und es ist nicht zu verkennen, dass diese Verwirrung daher rührt, weil Gellius, verführt von Varros Ausdruck *equites quidam*, dem Begriff Pedarier eine Klasse von Senatoren vindiciren will, deren characteristisches Merkmal dem gerade entgegengesetzt ist, welches unverwerfliche Zeugnisse jenem Begriffe beilegen.

Lassen wir also die Erklärung des Gellius, soweit sie die Pedarier betrifft, ganz bei Seite, und sehen wir zu, ob mit Hülfe jenes als wahr erkannten Kennzeichens der Pedarier und in Uebereinstimmung mit der Angabe des Varro irgendwie erforscht werden kann, welcher Klasse von Senatoren jene Benennung zukam.

Gellius XIV, 7 führt als Meinung des Varro an: *Senatusconsulta fieri duobus modis, aut per discessionem si consentiretur, aut si res dubia esset per singulorum sententias exquisitas;* und fährt dann folgendermaassen fort: *Sed quod ait senatusconsulta duobus modis fieri solere, aut conquisitis sententiis aut per discessionem, parum videtur convenire cum eo quod Atteius Capito scriptum reliquit. Nam in libro 259 Tuberonem dicere ait, nullum senatus-*

consultum fieri posse non discessione facta, quia in omnibus senatusconsultis, etiam in iis quae per relationem fierent, discessio esset necessaria; idque ipse Capito verum esse affirmat. Siehe da eine neue Streitfrage und ein neues Beispiel von der Unfähigkeit des Gellius, auch nur die leichtesten historischen Fragen geziemend zu behandeln. Wenn drei mit den Einrichtungen ihres Staates so wohl bekannte Männer, wie Varro, Tubero und Capito, mit einander nicht übereinzustimmen scheinen über eine Sitte, die keineswegs zu den Antiquitäten gehörte, sondern in ihrem Zeitalter noch fortwährend beobachtet wurde, so kann ein einigermaassen geübter Kritiker doch erst zu allerletzt sich bewogen finden, einen wirklichen Widerspruch unter ihnen anzunehmen und so dem einen oder dem andern Unkenntniss einer Sache zuzuschreiben, die auch dem geringsten ihrer Zeitgenossen vollkommen bekannt sein musste. Er wird vielmehr, wenn die Worte des einen oder des andern eine Erklärung zulassen, wodurch der Widerspruch gehoben wird, diese mit Freuden ergreifen und sie, eben weil sie jenen Widerspruch löst, als wahr hinstellen, auch wenn sie anderweitig nicht bewiesen werden könnte. Nun schliessen die Worte des Varro die Anwendung der discessio auch bei den Senatusconsulten, die per relationem zu Stande kamen, keineswegs aus, und es kommen Beispiele genug vor, dass sie auch hier Statt fand[6]), während kein Beispiel vom Gegentheil vorliegt; was uns also hindern könnte, Capito's Erklärung beizustimmen, ist durchaus nicht abzusehen. War aber bei allen Senatsbeschlüssen die discessio erforderlich, so liegt die Frage nahe, wozu denn eigentlich diese unnütze Weitläufigkeit einer doppelten Abstimmung gedient habe, und warum nicht vielmehr die Vota gleich

---

6) Cic. pro Sext. 34, VI Phil. 1, XIV Phil. 8, ad Att. I, 14, Plin. ep. II, 12, IX, 13, VIII, 14, Caes. B. G. VIII, 53.

bei der Umfrage gezählt worden seien. Man könnte antworten: weil ein Senator, der unter den Ersten gesprochen hatte, durch die Ansicht eines der folgenden Redner leicht umgestimmt werden konnte, und ihm nun nicht die Möglichkeit, der als wahr erkannten Ansicht beizutreten, genommen werden sollte. Indessen es blieb ihm ja auch bei der Umfrage jederzeit unbenommen, sein Votum zurückzunehmen, und einem der später abgegebenen beizutreten; und wenn auch dies *mutare sententiam* immer einen gewissen Makel an sich trug, so finden sich doch Beispiele genug, dass es vorgekommen ist. [7]) Man könnte ferner annehmen, es wäre darum geschehen, weil, wenn die Umfrage die Stelle der Debatte und der Abstimmung zugleich vertreten hätte, die Beschlussnahme nur nach relativer Stimmenmehrheit erfolgt wäre, während die discessio immer eine absolute Mehrheit ergab. War nämlich die Relation beendigt und hatten sich bei der Umfrage die verschiedenen Meinungen darüber herausgestellt, so wurde über jede einzelne derselben nach einer vom Referenten beliebten Ordnung zur discessio aufgefordert mit den Worten: *qui haec sentitis, in hanc partem: qui alia*

---

[7]) Sueton (Caesar 14) berichtet, wie Cäsars Rede bei der Catilinarischen Verhandlung eine solche Furcht erregte, *ut D. Silanum, consulem designatum, non piguerit sententiam suam, quia mutare turpe erat, interpretatione lenire, velut gravius atque ipse sensisset exceptam.* — Caes. B. C. I, 2: *Marcellus perterritus conviciis a sua sententia discessit.* — Plin. ep. II, 11: *Erant in utraque sententia multi, fortasse etiam plures in hac vel solutiore vel molliore; nam quidam ex illis quoque, qui Cornuto videbantur assensi, hunc qui post ipsos censuerat sequebantur.* — Cic. XI Phil. 15: (Q. Fufius Calenus) *dixit tamen, si quis eorum, qui post se rogati essent, graviorem sententiam dixisset, in eam se iturum;* denn dass dies *iturum* nicht von der discessio verstanden zu werden braucht, zeigt Cic. ad Qu. fr. II, 1: *Postea Racilius de privatis me primum sententiam meam rogavit. - - - Orationem meam collaudavit - - Vetus Antistius, isque iudiciorum causam suscepit antiquissimamque se habiturum dixit. Ibatur in eam sententiam. Tum Clodius rogatus diem dicendo eximere coepit.*

omnia, in illam partem ite qua sentitis. Immer bildeten sich also bei der Abstimmung über jede einzelne Meinung nur zwei Gruppen, und eine absolute Stimmenmehrheit, sei es für die Annahme, sei es für die Verwerfung, musste nothwendig sich ergeben. Dies ist allerdings ganz richtig, darum wird aber ein solches Verfahren nicht aufhören höchst auffallend zu sein. Der jüngere Plinius erzählt im 14ten Briefe des 8ten Buchs folgenden interessanten Fall. Es wurde über die Bestrafung der Freigelassenen eines in seinem Hause ermordeten Consuls verhandelt, und drei verschiedene Ansichten, von denen jede einen starken Anhang besass, hatten sich bei der Umfrage herausgestellt: nach der ersten sollten die Angeklagten ganz frei ausgehen, nach der zweiten auf eine Insel relegirt, nach der dritten mit dem Tode bestraft werden. Ueber diese drei Gutachten, und zwar über eins nach dem andern, sollte nun zu der discessio geschritten werden. Gewiss musste diese eine absolute Stimmenmehrheit ergeben; ebenso gewiss aber musste sie auch, wenn alle Senatoren sich vorher ausgesprochen hatten und jeder bei der einmal ausgesprochenen Ansicht blieb, die Verwerfung aller drei Gutachten zur Folge haben, denn jedes einzelne hatte immer die Anhänger der beiden übrigen gegen sich. Gesetzt nämlich 200 Senatoren wären anwesend gewesen, und davon hätten sich 90 für die erste, 60 für die zweite und 50 für die dritte Ansicht erklärt, so hätte die erste mit einer Majorität von 20, die zweite mit einer von 80, die dritte endlich mit einer von 100 Stimmen verworfen werden müssen und die ganze Verhandlung wäre ohne Resultat geblieben. Allerdings hatte Plinius also vollkommen Recht, wenn er forderte, *ut, qui capitali supplicio adficiendos putabant, discederent a relegante, nec interim contra absolventes mox dissensuri congregarentur, quia parvulum referret, an idem displiceret, quibus non idem placuisset;* er hatte aber entschieden Unrecht, wenn er meinte, diese seine Forderung lasse sich von der alten Formel, womit man zur discessio aufforderte, ableiten und sei im Herkommen begründet.⁸) Es bleibt also die Frage, wie ein solches Verfahren entstanden sein mag, noch immer unerledigt, denn offenbar kann doch eine Berathungsordnung nicht auf Zufälligkeiten berechnet sein, sondern muss voraussetzen, dass jeder bei der einmal ausgesprochenen Meinung beharrt, und dann musste, vorausgesetzt dass alle Senatoren gefragt wurden, eine discessio völlig unnütz gewesen sein. Noch einleuchtender wird dies bei solchen Relationen, die nur mit Ja oder Nein beantwortet werden konnten, denn hier ergiebt schon die Umfrage eine absolute Majorität, und das Streben die relative zu vermeiden, kann also nicht die Ursache gewesen sein, warum nach der Umfrage auch hier noch eine discessio für nöthig gehalten wurde⁹). Meines Erachtens kann diese

---

8) Plinius argumentirt so: *Quid? lex non aperte docet, dirimi debere sententias occidentis et relegantis, cum ita discessionem fieri iubet: Qui haec sentitis, in hanc partem; qui alia omnia, in illam partem ite qua sentitis. Examina singula verba et expende: qui haec censetis, h. e. qui relegandos putatis, in hanc partem, i. e. in eam, in qua sedet qui censuit relegandos. Ex quo manifestum est, non posse in eadem parte remanere eos, qui interficiendos arbitrantur. Qui alia omnia, animadvertis ut non contenta lex dicere alia addiderit omnia; num ergo dubium est, alia omnia sentire eos, qui occidunt, quam qui relegant? In illam partem ite, qua sentitis; nonne videtur ipsa lex eos, qui dissentiunt, in contrariam partem vocare, cogere, impellere?* Diese Argumentation ist aber falsch, weil in Bezug auf jede einzelne Meinung die Anhänger der übrigen immer nur eine Gegenpartei bilden, wie es deutlich erhellt aus dem griechischen Ausdruck μετάστασις ἐπὶ τάδε καὶ ἐπὶ ἐκεῖνα (Dio XLI, 2), und aus Festus p. 261 ed. Müller: *Qui hoc censetis, illuc transite, qui alia omnia, in hanc partem; his verbis perit* (praeit) *ominis videlicet causa, ne dicat qui non censetis.*

9) Man könnte glauben, dass in solchen Fällen immer nur die discessio angewendet worden ist, und es mag auch in der Regel so gehalten worden sein (s. Gellius a. a. O. und Liv. 42. 3). Dass es aber nicht immer geschah, zeigen unter andern auch die Berathungen über Supplicationen und Triumphe, denn hier war die Unterlassung

Ursache nur in dem Umstande gelegen haben, dass im Senat viele Mitglieder waren, welche bei der Umfrage gar nicht berücksichtigt, ihrer Meinung nur bei der discessio Geltung verschaffen konnten. Denn durch diese Annahme wird zwar der mit jener Berathungsform immer verbundene Uebelstand nicht gehoben, dass nämlich häufig eine Beschlussnahme nicht zu Stande kommen konnte; wohl aber wird das Undenkbare beseitigt, dass eine Berathungsordnung eine zweite Abstimmung vorgeschrieben habe, welche nothwendig ein gleiches Resultat, wie die erste, haben musste. Also auch von dieser Seite aus hat sich die Annahme, dass Pedarier in dem von uns angenommenen Sinne wirklich im Senat vorhanden waren, als begründet erwiesen, und zugleich ist damit uns ein Fingerzeig gegeben zur Auffindung der Stelle, an welcher wir sie uns im Senat zu denken haben.

Wenn einige Mitglieder des Senats gefragt, andere nicht gefragt wurden, so ist es jedenfalls natürlich, anzunehmen, dass letztere im Range jenen nachstanden und dass sie auch die letzten Plätze im Senat einnahmen. Nun wurden nachweislich in einer festbestimmten Ordnung alle diejenigen gefragt, welche Aemter bis zur Quästur herab bekleidet hatten; die Pedarier können also nur solche gewesen sein, die in den Senat aufgenommen worden waren, ohne vorher Aemter bekleidet zu haben [10]). Nur

---

der Umfrage sogar ungesetzlich, wie Cicero lehrt III Phil. 9: *Senatusconsultum de supplicatione per discessionem fecit, cum id factum esset antea nunquam.*

10) Dass dergleichen Leute sich zu allen Zeiten in ziemlicher Anzahl im Senat befanden, kann nicht wohl geläugnet werden. Ganz abgesehen von den durch Sulla und Cäsar in grosser Zahl aufgenommenen Rittern und noch niedriger stehenden Leuten, braucht man sich dabei nur auf Liv. XXIII, 23 und auf einzelne Beispiele von dergleichen Senatoren zu berufen, wie sie bei Cicero nicht selten vorkommen. So hatten z. B. allein unter den Richtern des Verres vier niemals Aemter bekleidet; s. in Verr. act. I, 10. Ueberhaupt wäre es eine falsche Vorstellung, wenn man ihre Wichtigkeit bei der

das bleibt noch unentschieden, ob alle, welche in diese Kategorie gehörten, oder nur einige davon Pedarier waren, und wir kommen darüber erst dann ins Reine, wenn es sich zeigt, dass die quaestorii wirklich die Letzten waren, welche gefragt wurden. Nun heisst es bei der Darstellung des Catilinarischen Processes im Vellejus II, 35: *Cato quaestorius paene inter ultimos interrogatus sententiam*, und doch war Cato designirter Volkstribun und stimmte, wie sich weiterhin zeigen wird, vor allen tribuniciis; er könnte also schwerlich unter den Letzten gefragt worden sein, wenn nach ihm ausser den tribuniciis und quaestoriis auch noch die pedarii gefragt worden wären. Dasselbe erhellt ferner aus folgenden Worten des Cicero ad Att. I, 19: *Est illud senatusconsultum summa pedariorum voluntate, nullius nostrum auctoritate factum. Nam quod me esse ad scribendum vides, ex ipso senatusconsulto intelligere potes aliam rem tum relatam, hoc autem de populis liberis sine causa additum; et ita factum est a P. Servilio filio, qui in postremis sententiam dixit;* — wenn man sie mit dem vergleicht, was er im folgenden Briefe schreibt: *Cum est actum, neque animadversum est ad quos pertineret, et raptim in eam sententiam pedarii cucurrerunt.* Servilius war nämlich Prätor im Jahr 700 [11]), über seine Aedilität ist nichts bekannt, er wird also quaestorius gewesen sein. Sprach er nun unter den Letzten, so müssen die quaestorii die Letzten gewesen sein, welche ihr Votum mündlich abgaben, denn die Pedarier sind nothwendig in grosser Anzahl zu denken, wenn sie den Ausschlag gegeben haben sollen. Wenn also die Sena-

---

Abstimmung gar zu gering anschlagen wollte; denn von denen, welche Consuln, Prätoren und Quästoren gewesen waren, war jederzeit eine grosse Anzahl im Dienste des Staats abwesend, und wie wenig z. B. die Consularen durch ihre Anzahl vermochten, zeigt deutlich die Stelle des Cicero ad Qu. fr. II, 1, wo bei einer Versammlung von 200 nur 8 Consularen als gegenwärtig angeführt werden.

11) Cic. ad Qu. fr. III, 4.

toren nach der Rangfolge der von ihnen bekleideten Aemter gefragt wurden, wenn ferner die quaestorii zuletzt gefragt wurden, so müssen alle diejenigen, welche keine Aemter bekleidet hatten, nicht gefragt worden und folglich die pedarii gewesen sein.

Was für Senatoren man sich unter den Pedariern zu denken habe, glaube ich hiermit gezeigt zu haben; es bleibt also nur noch ein Mittel aufzufinden, wodurch sich die Angabe des Varro mit dieser Ansicht in Einklang bringen lässt. In dem Zeitalter des Varro bestand, wie wir aus den oben angeführten Stellen des Cicero sehen, das Institut der Pedarier noch in voller Kraft; über die Personen also, welche zu dieser Klasse gehörten, konnte Varro nicht leicht im Irrthum sein. Nun waren zu derselben Zeit eigentliche Ritter gar nicht im Senat, denn auch die von den Censoren noch nicht Aufgenommenen wurden seit Sulla als schon zum ordo senatorius gehörend betrachtet [12]. Wenn also Varro mit den Worten *equites quidam* wirklich Mitglieder des Senats bezeichnet, woran ich indessen sehr zweifle [13], so kann er den Ausdruck *equites* gar nicht in seiner eigentlichen Bedeutung gebraucht haben. Wollte Varro eine Klasse der Senatoren von den übrigen sondern, dazu aber nicht ihre unterscheidenden Functionen benutzen, wahrscheinlich weil die Tendenz der Ἱππoκύων betitelten Schrift nicht dahin ging; so blieb ihm als Unterscheidungsgrund nur die verschiedene Herkunft der Senatoren. Nun waren ja aber alle Senatoren ursprünglich Ritter gewesen, denn auch diejenigen,

---

12) S. den dritten Abschnitt am Ende.

13) Man kann unmöglich alle die Beziehungen ausdenken, in denen ein dunkler Ausdruck in einer verloren gegangenen Schrift vorgekommen sein kann. Indessen scheint es doch wahrscheinlicher zu sein, dass Varro, wenn er wirklich die Pedarier im Senat gemeint hätte, *senatores quosdam*, als dass er *equites quosdam* geschrieben hätte.

welche Aemter bekleidet hatten, waren vorher nichts weiter; wie konnte also Varro durch diese Bezeichnung die Pedarier von den übrigen Senatoren genügend zu unterscheiden hoffen? Seit der lex Ovinia wurde der Senat ordnungsgemäss aus den gewesenen Magistraten ergänzt; waren diese aber nicht in genügender Anzahl vorhanden, so stand es den Censoren zu, aus den Rittern die Zahl der Senatoren zu vervollständigen. Für dies Geschäft war der eigentliche Ausdruck nicht *legere*, auch nicht *sublegere*, sondern *adlegere*, oder Griechisch προσκαταλέγειν [14]); die so Aufgenommenen aber hiessen *adlecti*. Konnte nun Paullus Diaconus (p. 7 ed. Müller) die *adlecti* so definiren: *Adlecti dicebantur apud Romanos, qui propter inopiam ex equestri ordine in senatorum numero sunt adsumpti*, obgleich alle übrigen Senatoren auch aus den Rittern genommen waren; so muss ein gewisser Unterschied bestanden haben zwischen den eigentlichen Rittern und denen, welche Aemter bekleidet hatten. Die erstern hiessen schlechthin Ritter, während die andern unmittelbar durch ihr Amt und schon vor ihrer Aufnahme als zum ordo senatorius gewissermaassen gehörend betrachtet wurden. Wohl konnte also Varro, wenn er nur die Herkunft berücksichtigen wollte, ohne Missverständniss fürchten zu müssen, die Pedarier *equites quosdam* nennen, zumal da er, wie die Hinzufügung des *quosdam* genugsam andeutet, eine genaue Bezeichnung gar nicht beabsichtigte.

---

14) In grossem Maassstabe kam diese Art den Senat zu ergänzen natürlich nicht oft zur Anwendung. Etwas Aehnliches war die Aufnahme der conscripti (s. Liv. II, 1); genau dasselbe aber war das, was Drusus beabsichtigte (App. B. C. I, 35), und was dann Sulla (App. B. C. I, 100) und Cäsar (Dio Cass. XLII, 51, XLIII, 20. 47) wirklich ausführten.

3. Die stimmberechtigten Beisitzer des Senats.

*Consules edixerunt, quoties in senatum vocassent, **uti senatores, quibusque in senatu dicere sententiam liceret**, ad portam Capenam convenirent.* So berichtet Livius XXIII, 32, und diese Worte des Berufungsedicts, die noch zu Hadrians Zeit des Herkommens wegen beibehalten wurden [1]), setzen ohne Zweifel voraus, dass es zu irgend einer Zeit Leute gab, welche Sitz und Stimme im Senat hatten, ohne ordentliche Mitglieder desselben zu sein. Sie geben somit Veranlassung zu zwei Fragen: 1) war das Stimmrecht dieser Personen dasselbe wie das der wirklichen Senatoren? 2) was für Leute bildeten diese Klasse?

Der Consular M. Livius, der nachherige Sieger von Sena, war in einem Volksgerichte verurtheilt worden und hatte aus Unmuth darüber die Stadt und allen Verkehr mit seinen Standesgenossen gemieden. Schon 8 Jahre waren so nach seiner Verurtheilung verflossen, als es den Consuln Marcellus und Valerius Lävinus gelang, ihn in die Stadt zurückzuführen; aber auch jetzt noch zeigte das vernachlässigte Aeussere und der tiefe Gram in seinem Gesicht, wie schwer er die erlittene Schmach empfand. Diesen ausgezeichneten Mann dem Staate, der seiner bedurfte, wiederzugeben, unternahmen die Censoren des Jahres 544. *L. Veturius et P. Licinius censores,* so heisst es bei Livius XXVII, 34, *eum tonderi et squalorem deponere et in senatum venire fungique aliis publicis muneribus coegerunt. Sed tum quoque aut verbo assentiebatur aut **pedibus in sententiam ibat**, donec cognati hominis eum causa M. Livii Macati, cum fama eius ageretur, stantem coegit in senatu sententiam dicere.* In die-

---

1) Gell. III, 18.

ser Stelle werden drei Arten das Votum abzugeben unterschieden: vermittelst der beiden ersten tritt man einer fremden Ansicht bei, indem man entweder durch Worte oder bei der discessio seine Zustimmung erklärt; vermittelst der letzten äussert man eine selbstständige Meinung. Nun habe ich im vorigen Abschnitt nachgewiesen, dass die Abgabe des Votums bei der discessio allen Senatoren gleicherweise zustand, dass aber die pedarii sich dadurch von den übrigen unterschieden, dass sie nur dies eine Mittel hatten ihre Ansicht geltend zu machen. Es könnte also wohl die Meinung entstehen, dass auch die andere Form, in der man einer fremden Ansicht beitrat, das *verbo assentiri*, einer eignen Klasse von Senatoren vorzugsweise zugekommen sei, und dass diese gerade aus den Senatsgliedern bestanden habe, welche durch den Besitz des ius sententiae dicendae gewissermaassen in der Mitte standen zwischen den minder berechtigten Pedariern und den vollberechtigten Senatoren. Dieser Annahme gemäss wäre dann das Stimmrecht der einzelnen Klassen folgendermaassen verschieden gewesen:

1) die Pedarier hätten nur an der endlichen Entscheidung durch die discessio Theil genommen;

2) die Mitglieder der mittlern Klasse, welche ohne Senatoren zu sein das ius sententiae besassen, wären schon bei der Umfrage berücksichtigt worden, indem sie eine der vorher ausgesprochenen Ansichten als die ihrige anerkennen durften, und hätten dann natürlich auch bei der discessio nicht gefehlt.

3) Die vollberechtigten Senatoren endlich hätten alle drei Rechte gehabt; sie hätten bei der Umfrage entweder eine selbstständige Meinung äussern (*stantes sententias dicebant*) oder einer fremden beitreten (*sedentes verbo assentiebantur*) können, und hätten auch an der discessio Theil genommen (*pedibus in sententiam ibant*).

Eine Ansicht, wie die eben vorgetragene, würde allerdings an der Analogie einigermaassen eine Stütze haben, und sie würde auch nicht erschüttert werden durch die zahlreichen Beispiele, dass vollberechtigte Senatoren sich dieses niedern Rechts bedient haben [2]), denn diese besassen ja alle drei Rechte und konnten doch unmöglich, wenn einer ihrer Vorgänger ganz nach ihrem Sinne gesprochen hatte, dasselbe noch einmal weitläufig durchsprechen wollen. Dennoch ist es keinenfalls anzunehmen, dass diejenigen, welche das ius sententiae dicendae besassen, immer gehalten gewesen wären, einer der bereits geäusserten Meinungen beizutreten; denn einmal wäre dann dies ihr Recht ganz zwecklos gewesen, da sie auf dieselbe Weise auch bei der discessio ihrer Ansicht Geltung verschaffen konnten, zweitens aber schliesst der Ausdruck *ius sententiae dicendae* offenbar auch das Recht ein, eine von den übrigen abweichende Meinung vorzutragen. Was also das Stimmrecht anbetrifft, so stand diese mittlere Ordnung vollkommen den am meisten berechtigten Senatoren gleich und über den Pedariern; was aber die sonstigen Rechte eines römischen Senators angeht, so hatten ihre Mitglieder als Nicht-Senatoren an denselben ursprünglich gar keinen Antheil und standen in dieser Rücksicht unter den Pedariern; eine seltsame und doch leicht zu erklärende Erscheinung, denn eben diese Nicht-Senatoren waren, wie sich gleich zeigen wird, solche Männer, welche bei ihrer wirklich erfolgten Aufnahme in den Senat sogleich den Rang über den Pedariern erhielten, obgleich diese ältere Senatoren waren.

---

[2]) Dergleichen Beispiele geben, ausser der oben angeführten Stelle des Livius, derselbe Schriftsteller III, 40 *multique ex consularibus verbo assensi sunt*, Sallust. Catil. 52 *postquam Caesar dicendi finem fecit, ceteri verbo alius alii assentiebantur*, Cic. ad fam. V, 2 *nulla est a me unquam sententia dicta in fratrem tuum; quotiescunque aliquid est actum, sedens iis assensi, qui mihi lenissime sentire visi sunt*, und endlich derselbe ad Att. VII, 3. *illud ipsum, quod ais: quid fiet, cum erit dictum: Dic, M. Tulli?* σύντομα, „*Cn. Pompeio assentior.*"

Wer aber gehörte nun zu dieser Klasse? Dies ist die zweite jener Fragen, deren Beantwortung mir obliegt. Sie gehört zu den schwierigsten der ganzen in dieser Beziehung so reich ausgestatteten römischen Verfassungsgeschichte, und ist ohne Zweifel die verwickeltste von allen denen, deren Lösung in dieser Abhandlung versucht worden ist. Drei alte Schriftsteller, die uns darin vorangegangen sind, haben sie mit klaren, dürren Worten ganz verschieden beantwortet, und die neuern Bearbeiter der römischen Geschichte, sonst gewohnt in der Mannichfaltigkeit der Ansichten ihre Quellen weit hinter sich zu lassen, haben sich diesmal begnügen müssen, ihnen nur gleichzukommen.

Der erste jener drei alten Schriftsteller ist Festus, von dem ein eigner Artikel über diesen Gegenstand in der Müllerschen Ausgabe p. 339 also lautet: *Senatores a senectute dici satis constat; quos initio Romulus elegit centum, quorum consilio rempublicam administraret. Itaque etiam patres appellati sunt.* (Additur) „*quibusque in senatu sententiam dicere licet;*" *quia hi, qui post lustrum conditum ex iunioribus magistratum ceperunt, et in senatu sententiam dicunt, et non vocantur senatores ante quam in senioribus sunt censi.* Ueber den Sinn der ganzen Stelle kann kein Zweifel sein; nur etwa der Ausdruck *in senioribus* möchte einer Erklärung bedürfen, denn unmöglich kann er in der gewöhnlichen Bedeutung gefasst werden: „das 45ste Jahr zurückgelegt haben und unter den senioribus geschätzt sein," da hierzu das vorangegangene *post lustrum conditum* durchaus nicht passen will. Indessen hat Becker[3] schon richtig bemerkt, dass diese Worte sich nicht auf das Alter, sondern auf die beim nächsten Census zu erwartende Aufnahme in die Zahl der Senatoren beziehen. Nach Festus gehörten also zur Klasse derer, *quibus sententiam licet in senatu dicere*, alle, welche

---

[3] Handb. der röm. Alterth. II. Abth. 2, p. 397.

von einem Lustrum zum andern irgend ein Amt erhielten, sowohl während der Zeit der Amtsführung als nach Ablauf derselben, natürlich vorausgesetzt, dass sie nicht vorher bereits durch Verwaltung eines andern Amtes in den Senat gekommen waren.

Dieser Erklärung des Festus steht die des Valerius Maximus schnurstracks entgegen. *Adeo autem*, heisst es bei diesem Schriftsteller II, 2, 1, *magna caritate patriae omnes tenebantur, ut arcana consilia patrum conscriptorum multis saeculis nemo senator enunciaverit. Q. Fabius Maximus tantummodo, et is ipse per imprudentiam, de tertio Punico bello indicendo, quod secreto in curia erat actum, P. Crasso rus petens domum revertenti in itinere narravit, memor eum triennio ante quaestorem factum, ignarusque nondum a censoribus in ordinem senatorium allectum; quo uno modo his, qui iam honores gesserant, aditus in curiam dabatur.* Hiernach ist nämlich die Meinung des Valerius unzweifelhaft die, dass niemand, der irgend ein Amt, sei es ein curulisches oder nicht-curulisches, bekleidet hatte, dadurch allein in den Senat gekommen ist. Die in Rede stehende Klasse Senatsmitglieder müsste also entweder gar nicht vorhanden gewesen sein, oder lediglich aus den noch im Amte stehenden Magistraten bestanden haben.

Der Widerspruch in den beiden Ueberlieferungen liegt zu Tage: während Festus allen gewesenen Magistraten das ius sententiae zuschreibt, spricht es ihnen allen Valerius ebenso entschieden ab, und nur über die fungirenden Magistrate sind sie insofern einig, dass Festus ihnen jenes Recht zuerkennt, Valerius es ihnen nicht ausdrücklich abspricht. Sehen wir nun, ob der dritte jener alten Schriftsteller uns in den Stand setzt, den anscheinend nicht zu vermittelnden Widerspruch zu lösen.

Wir kehren zurück zu der Stelle des Gellius, deren Unklarheit wir oben schon zu rügen Gelegenheit hatten.

Dort wies ich den Grundirrthum nach, welcher die ganze Stelle durchzieht, und jetzt bin ich im Begriff ihr ein Gewicht beizulegen, das damit schlecht vereinbar scheint. Und doch glaube ich vollkommen in meinem. Rechte zu sein. Gellius Irrthum bestand darin, dass er die Pedarier mit denen verwechselte, welche das ius sententiae dicendae hatten. Dies konnte er allerdings nur dann, wenn er das charakteristische Merkmal der erstern Klasse entweder nicht kannte oder das ihm bekannte für unrichtig hielt; daraus folgt aber noch nicht, dass auch die Mitglieder der andern Klasse, die er kannte, von ihm falsch angegeben worden sind. Gellius konnte den bedeutenden Unterschied, der zwischen den Pedariern und denen, welche das ius sententiae hatten, bestand, ganz wohl verkennen, und konnte doch ganz gut davon unterrichtet sein, was für Leute zu der letztern Klasse gehörten. Für unsern Zweck also verliert die von Gellius überlieferte Thatsache nichts an ihrer Glaubwürdigkeit, mag sie auch für den Zweck, den er selbst vor Augen hatte, nichts weniger als beweisend sein.

„M. Varro", so lauten Gellius Worte, „sagt, gewisse Ritter seien Pedarier genannt worden, und er scheint damit diejenigen zu meinen, welche noch nicht von den Censoren in den Senat aufgenommen zwar nicht Senatoren waren, wohl aber, weil sie Ehrenstellen des römischen Volks bekleidet hatten, in den Senat kamen und das Recht besassen, dort ihre Meinung auszusprechen." So weit ist alles verständlich: Gellius scheint vollständig der Ansicht des Festus zu sein, nur dass er die im Amte stehenden Magistrate nicht mit zu der in Rede stehenden Klasse rechnet. Jetzt aber beginnt die Unklarheit, indem er so fortfährt: *Nam et curulibus magistratibus functi, qui nondum a censoribus in senatum lecti erant, senatores non erant; et qui in postremis scripti erant, non rogabantur sententias, sed quas principes dixerant, in eas discedebant.*

Man erwartet nach dem *nam* ohne Zweifel den Grund, warum dem Gellius seine Erklärung der Varronischen Worte richtig zu sein scheint, oder doch wenigstens eine Begründung dafür, dass dergleichen Senatsmitglieder nicht wirkliche Senatoren waren. Nun kann der Satz auf eine zwiefache Art übersetzt werden: man nimmt entweder das erste *et* für *etiam*, oder man übersetzt beide *et* mit *sowohl — als auch*. Wählt man die erstere, so wäre folgendes der Sinn des Satzes: „Denn selbst die, welche curulische Aemter bekleidet hatten, waren nicht Senatoren, wenn sie nicht von den Censoren in den Senat aufgenommen waren; und die, welche unter den Letzten aufgezeichnet waren, wurden gar nicht um ihre Meinung befragt, sondern u. s. w." Dann würde das erste Satzglied ziemlich dasselbe sagen, was schon vorher als vollkommen sicher hingestellt war, und das zweite, das allerdings eine, wenn auch unrichtige Begründung der Erklärung des Gellius enthält, würde ganz und gar nicht dazu passen. Wir werden also wohl zur andern Auffassung unsere Zuflucht nehmen müssen. Hier tritt uns aber die Schwierigkeit entgegen, dass zwei durch *et — et* gleich gestellten Subjecten verschiedene Prädicate beigelegt werden; eine Art zu reden, die schwerlich zu rechtfertigen ist. Eine Aenderung, die diesen Uebelstand beseitigt, erscheint deshalb als nothwendig, und ist auch auf die leichteste Weise zu bewerkstelligen. Lassen wir nämlich das *erant* hinter *lecti* weg, welches leicht wegen des kurz darauf folgenden gleichen Wortes eingeschoben sein kann, so erhalten nicht nur die beiden Subjecte ein einziges Prädicat, sondern es wird auch das den Satz einführende *nam* vollkommen gerechtfertigt. „Denn," würde jetzt der Sinn sein, „sowohl die gewesenen curulischen Magistrate, welche als noch nicht von den Censoren in den Senat aufgenommen keine Senatoren waren, als auch die im senatorischen Album zuletzt Verzeichneten wurden nicht um ihre Ansicht befragt, sondern traten nur der Meinung der früher Gefragten bei der discessio bei." Jetzt sieht man den Grund, warum Gellius unter den Pedariern die, welche Aemter bekleidet hatten, versteht; man erkennt aber auch zugleich, dass es nicht alle Aemter sind, von deren Inhabern er dies aussagt. Sagt er nämlich: „Varro meint diejenigen Ritter," so muss nothwendig verstanden werden: „diejenigen Ritter im Senat, welche u. s. w.," und es folgt daraus keineswegs, dass er alle Aemter meinte. Nur diejenigen, welche kraft der von ihnen bekleideten Aemter im Senat waren, konnte er unter Varro's *equites* verstehen, welches diese Aemter aber waren, lässt er fürs erste ganz unentschieden. Fährt er nun aber fort: „denn die, welche curulische Aemter bekleidet hatten, haben ebenso wie die *in postremis scripti* nicht das Recht ihre Meinung zu äussern;" so wird es klar, dass das oben Gesagte nur von den curulischen Aemtern gilt, und dass nur die, welche solche Aemter bekleidet hatten, Zutritt zum Senat hatten, auch vor ihrer durch die Censoren erfolgten förmlichen Aufnahme.

So habe ich nun die Ansichten der drei alten Schriftsteller, welche der Beantwortung unserer Frage sich unterzogen haben, rein aus ihnen selbst entwickelt, und dass die entschiedenste Meinungsverschiedenheit unter ihnen herrscht, ist das Ergebniss der Untersuchung gewesen. Weit entfernt also, damit in der Beantwortung unserer Frage einen Schritt vorwärts gekommen zu sein, haben wir die Schwierigkeiten nur erhöht; denn statt eines dunklen Punktes, dessen Erhellung man hoffen konnte, haben wir nun drei sich schroff gegenüber stehende Ansichten, die in Einklang zu bringen fast unmöglich scheint. Suchen wir wenigstens zur Gewissheit zu gelangen, ob unserm Bestreben das Gelingen nothwendig versagt sein muss.

Alle geschichtlichen Ueberlieferungen sind entweder Ueberlieferungen von einfachen Thatsachen oder allgemeine Sätze, die aus Thatsachen abstrahirt sind. Beide Arten von Ueberlieferungen können unrichtig sein und sind es häufig; die Unrichtigkeit aber nachzuweisen ist bei der einen schwieriger als bei der andern. Einfache Thatsachen, die überliefert sind, können mit hinlänglichem Grunde nur in zwei Fällen angezweifelt werden: entweder man kann nachweisen, dass der Urheber der Ueberlieferung das Wahre nicht hat wissen können oder nicht hat berichten wollen, oder aber die Angabe eines andern nicht weniger glaubwürdigen Schriftstellers widerspricht und innere Gründe entscheiden für seine Auffassung der Sache. Hingegen Sätze, die von den Schriftstellern selbst abstrahirt worden sind, würden für uns ganz und gar keine Auctorität haben, wenn alle darauf bezüglichen Thatsachen, die jenen bekannt waren, auch uns vorlägen, jedenfalls aber werden sie umgeworfen werden, sobald eine ihnen widersprechende Thatsache aufgefunden wird; denn mag die Gewissenhaftigkeit und die Glaubwürdigkeit ihres Urhebers auch noch so sehr ausser Zweifel sein, immer ist die Voraussetzung eher dafür, dass ein Schriftsteller irgend einen Fall übersehen oder dass er sonst bei der Bildung seines allgemeinen Satzes Fehler gemacht hat, als dass eine einfach überlieferte und sonst nicht anzufechtende Thatsache unrichtig wäre. Es erhellt daraus, wie wenig gleichgültig es uns sein kann, ob jene drei Erklärungen als Ueberlieferungen einfacher Thatsachen zu betrachten sind, oder als allgemeine Sätze, die von den Schriftstellern selbst aus Thatsachen abgeleitet worden sind. Nun können sie das erstere nur in dem einen Falle sein, wenn ihr Inhalt ein ausdrückliches Gesetz war und dies ihren Urhebern vorlag; ein Umstand der nicht mehr zu ermitteln ist. Nähmen wir aber auch an, solche Gesetze wären vorhanden gewesen, und gäben wir selbst zu, wenigstens Festus und Gellius [4]), oder doch die Quellen, woraus sie schöpften, hätten sie recht wohl gekannt; so würden doch für unsere Untersuchung die Erklärungen dieser Männer den Character lediglich von ihnen herrührender Schlüsse nicht verlieren. Sind nämlich wirklich ausdrückliche Gesetze über diesen Gegenstand vorhanden gewesen, und haben diese wirklich jenen Erklärungen zur Grundlage gedient; so müssen sie dem Inhalt und der Zeit nach unter sich verschieden gewesen sein, eben weil die aus ihnen entnommenen Erklärungen verschieden sind. Weil nun aber in den Erklärungen eine Angabe der Zeit, für welche sie gelten, nicht zu finden ist, und die ihnen entsprechenden Gesetze doch unmöglich gleichzeitig gegolten haben können, so müssen einzelne sich etwa findende Beispiele, jenachdem sie mit der einen oder andern Erklärung zu vereinigen oder nicht zu vereinigen sind, den Entscheidungsgrund dafür abgeben, ob eine jener drei Erklärungen ganz zu verwerfen, und für welche Zeit, wenn sie sich als richtig erwiesen, eine jede derselben als geltend anzunehmen ist. Unter diesen Umständen also wirft jede einzelne, glaubwürdig überlieferte Thatsache, wenn sie widerspricht und nicht ausdrücklich als Ausnahme nachgewiesen werden kann, ohne Weiteres die Regel um, während sie, wenn jene Gesetze wirklich auf uns gekommen wären, von vornherein als Ausnahme zu betrachten wäre, wenn nicht das Gegentheil ausdrücklich bewiesen werden könnte.

Demnach wird unser nächstes Geschäft sein müssen, dergleichen Beispiele aufzusuchen. Hierbei kommen zwei Klassen in Betracht, die im Amte stehenden und die ausgeschiedenen Magistrate; wir werden aber gut thun, wenn wir beide streng von einander gesondert halten

---

4) Valerius hat sich seine Meinung offenbar nur aus der eben von ihm erzählten Thatsache gebildet.

und uns zunächst auf die Betrachtung der letztern beschränken.

Will man mehrere möglicherweise falsch aufgestellte Regeln durch widersprechende einzelne Fälle entkräften, so scheint ein solcher Versuch um so mehr Aussicht auf das Gelingen zu haben, je weiter die aufgestellte Regel ist. Nun sind von den drei Erklärungen offenbar die des Valerius und des Festus die umfassendsten, denn während jener alle gewesenen Magistrate von der in Rede stehenden Klasse ausschliesst, schliesst dieser sie alle ein. Mit diesen wäre also zu beginnen, und in der That bestätigt sich bei ihnen unsere Voraussetzung. Zunächst erweist sich Festus Ansicht, soweit sie darauf Anspruch macht eine für alle Zeiten gültige Regel zu sein, als unhaltbar, da Valerius uns ein Beispiel von einem gewesenen Quästor, der nicht im Senat war, giebt und da gegen seine Angabe nicht leicht ein gegründetes Bedenken erhoben werden kann. Etwas schwieriger ist freilich die Ansicht des Valerius zu widerlegen, einestheils weil sich nicht oft Gelegenheit bieten konnte, der Anwesenheit solcher im Senat zu gedenken, die jedenfalls eine untergeordnete Stelle in demselben einnahmen, anderntheils weil von denen, die höhere Stellen bekleidet hatten und deren Anwesenheit im Senat häufig erwähnt wird, fast immer anzunehmen ist, dass ihre Aufnahme durch die Censoren schon vorher erfolgt war. Dennoch aber finden sich einzelne Erwähnungen, mit denen der Satz des Valerius, so allgemein gefasst wie er ist, nicht vereinigt werden kann.

Der in dem Process des Cluentius eine so schimpfliche Rolle spielende C. Stalenus, welcher Quästor wahrscheinlich im Jahr 678 gewesen war und sich um die Aedilität bewerben wollte, war im Jahre 680 unzweifelhaft Senator [5]). Nun hatte es seit 668 keine Censoren

---

5) Cic. pro Cluent. 26 und 36, in Verr. act. 1, 13 mit der Anmerkung des Pseudo-Asconius.

gegeben; folglich muss er unmittelbar durch die Quästur in den Senat gekommen sein, wenn er nicht etwa, was jedoch nicht wahrscheinlich ist, bei der von Sulla im Jahr 673 veranstalteten Ergänzung des Senats mit in denselben aufgenommen worden ist.

In dem Process des Verres vom Jahre 684 war M. Cäsonius, ein gewesener Quästor, Richter und Cicero, auch ein quaestorius, nennt sich selbst Senator[6]). Nun waren freilich in demselben Jahre Censoren und sie veranstalteten auch eine senatus lectio; es lässt sich aber nachweisen, dass noch vor dieser beide Männer Senatoren waren. Das Gericht über den Verres wurde am 5. August gehalten[7]), und Cicero hatte sich vorher 110 Tage Frist ausgebeten, um in Sicilien Untersuchungen anstellen zu können. Diese Zeit wurde freilich nicht völlig von ihm dazu verwendet, sie musste aber doch so berechnet sein, dass Cicero nach Ablauf derselben zu den Aedilenwahlen wieder in Rom sein konnte, weil er als Candidat der curulischen Aedilität aufgetreten war. Die Aedilenwahlen fanden gewöhnlich am Ende des Quintilis Statt[8]); es muss also, 110 Tage zurückgerechnet, die divinatio in Caecilium spätestens Anfang April gehalten worden sein, und zu dieser Zeit schon war Cicero Senator. Damals aber kann die senatus lectio noch nicht vollzogen gewesen sein, weil bei dem stürmischen Anfang des Consulats von Pompejus und Crassus die Wahl der Censoren allem Anschein nach erst spät zu Stande gekommen ist, und weil sie es nach Ciceros eigenen Worten[9]) noch nicht war zu

---

6) in Verr. l. I, 6.

7) in Verr. act. 1, 10.

8) S. meine Abhandlung de aedilibus Romanorum, Berlin 1842 bei Besser, p. 110.

9) Div. in Caecil. c. 3: *Iudiciorum desiderio tribunicia potestas efflagitata est, iudiciorum levitate ordo quoque alius ad res iudicandas postulatur, iudicum culpa ac dedecore etiam censorium nomen, quod asperius antea populo videri solebat, id nunc poscitur.* Dasselbe

der Zeit, wo die divinatio gehalten wurde. Gesetzt aber auch, die Censoren wären gleich zu Anfang des Jahres gewählt worden, und hätten bereits die senatus lectio vollendet gehabt, so wäre doch Cäsonius schon vorher Senator gewesen, weil sein Name in dem album iudicum stand.

Cäsar, welcher im Jahr 686 Quästor war [10]), wird schon 687 bei Gelegenheit des Gabinischen Gesetzes als im Senat befindlich erwähnt [11]), und im Jahr 691 übte er ohne Frage das ius sententiae aus [12]); weder 687 noch 691 aber konnte er schon in den Senat aufgenommen worden sein, da die Censoren, welche allein in Betracht kommen, die von 689 und 690, nach Dio XXXVII, 9 keine senatus lectio hielten. Aus demselben Grunde konnte auch Cato, welcher im Jahr 689 Quästor war [13]) und im Jahr 691 unzweifelhaft das ius sententiae hatte, noch nicht von den Censoren in den Senat aufgenommen sein.

Endlich war Clodius Quästor im Jahr 693 [14]), in demselben Jahre, in welchem die Censoren τοὺς ἐν ταῖς ἀρχαῖς γενομένους [15]) und folglich nicht den Clodius in den Senat aufnahmen. Dennoch und obgleich vor 699 nicht wieder Censoren gewählt wurden, wird ausdrücklich berichtet, dass Clodius im Jahre 697 sein Votum im Senat

---

ergiebt sich auch aus Cic. pro Cluent. 47: *Illo ipso tempore, illis censoribus, erant iudicia cum equestri ordine communicata;* denn als Verres Sache entschieden wurde, war die lex Aurelia iudiciaria noch nicht gegeben.

10) Drumann, Geschichte Roms, III, p. 140.

11) Plut. Pomp. 25: Ὁ μὲν δῆμος ὑπερφυῶς ἐδέξατο (τὸν νόμον)· τῆς δὲ συγκλήτου τοῖς μεγίστοις καὶ δυνατωτάτοις ἔδοξε μεῖζον μὲν φθόνου, φόβου δὲ ἄξιον εἶναι τὸ τῆς ἐξουσίας ἀπερίληπτον καὶ ἀόριστον. Ὅθεν ἐνίσταντο τῷ νόμῳ πλὴν Καίσαρος. Vgl. Zon. X, 3.

12) Sall. Catil. 51. Dio XXXVII, 21.

13) Plut. Cato 16.

14) Ascon. ad Milon. p. 52 ed. Orelli, Cic. de harusp. resp. 20.

15) Dio Cassius XXXVII, 46.

abgab ¹⁶), und schon 694 scheint er in demselben gewesen zu sein ¹⁷).

Nach allem dem haben sich also beide Erklärungen, sofern sie allgemeingültige sein wollen, als unbegründet erwiesen; keine von beiden aber, sofern sie nur die zu einer bestimmten Zeit bestehende Sitte angeben will. Denn da derselbe Gegensatz, der zwischen ihnen besteht, weit entfernt vermittelt zu sein, sich auch unter den Beispielen gefunden hat, indem einmal ein quaestorius, ohne vom Censor aufgenommen zu sein, im Senat, ein andermal nicht darin ist; so wird die Annahme unvermeidlich, dass keineswegs immer dasselbe Verhältniss bestanden, dass vielmehr im Lauf der Zeit eine Aenderung Statt gefunden hat.

In der frühern Zeit hat niemand, der irgend ein Staatsamt bekleidet hat, Zutritt zum Senat, wenn er nicht von den Censoren förmlich in denselben aufgenommen ist; in der spätern Zeit dagegen haben ihn alle kraft des von ihnen verwalteten Staatsamtes. — Diese beiden Sätze sind das Ergebniss der bisherigen Untersuchung; sie können aber nicht das Endergebniss sein, auch wenn man ganz von der noch völlig unbestimmten Dauer ihrer Gültigkeit absehen wollte. Während nämlich der zweite Satz sich auf die häufig wiederkehrende Thatsache stützt, dass gewesene Quästoren im Senat stimmten, und er dadurch vollkommen bewiesen wird, weil die höhern Magistrate unmöglich ein schlechteres Recht gehabt haben können; so ruht der erste Satz nur auf dem einen Beispiel, dass ein quaestorius nicht im Senat zugegen war, und er wird somit nur unvollständig bewiesen, da es sehr

---

16) Cic. ad Qu. fr. II, 1; ad Att. IV, 2.
17) ad Att. II, 1.

wohl denkbar ist, dass in dieser Beziehung die höhern Magistrate besser gestellt waren. Dieser Umstand führt uns von selbst zur Ansicht des Gellius zurück, wornach nur die vom Senat ausgeschlossen waren, welche nichtcurulische Aemter bekleidet hatten. Freilich kann diese Erklärung nicht richtig sein für die spätere Zeit, für welche der Satz des Festus sich als vollkommen begründet ausgewiesen hat; wohl aber kann sie gültig sein für die frühere, und dann müsste der Satz des Valerius fallen, wenn nicht etwa auch für diesen ein eigner Zeitraum ausfindig gemacht werden könnte, und so allen drei Ansichten das Bestehen gesichert würde.

Die Ansicht des Valerius hat zur Grundlage ein Beispiel aus der Zeit des dritten Punischen Kriegs, wird aber durch dieses nicht vollkommen bewiesen. Nun ist es ausser Zweifel, dass im Lauf der Zeit das Recht der gewesenen Magistrate in Bezug auf die Theilnahme am Senat erweitert, nicht beschränkt worden ist [18]). Fände sich also ein Beispiel, welches die Gültigkeit der von Gellius behaupteten Beschränkung auch von einer frühern Zeit erwiese, so könnte der Satz des Valerius für keine Zeit Geltung haben, und wir hätten es fortan statt mit drei nur mit zwei von einander abweichenden Ansichten zu thun.

Ein solches Beweismittel hat man [19]) zu finden geglaubt in folgenden Worten des Livius [20]): (In clade Cannensi) *interfecti ambo consulum quaestores - - - et viginti unus tribuni militum, consulares quidam praetoriique*

---

18) Dafür spricht einmal der Satz des Festus im Vergleich mit den beiden andern Erklärungen, und zweitens die weiter unten zu behandelnden Stellen des Cicero de legg. III, 12 und pro Sext. 65.

19) So besonders Göttling, röm. Staatsverfassung p. 345 und römische Urkunden p. 39, und auch ich hatte in meiner eben erwähnten Abhandlung p. 115 diese Meinung angenommen.

20) Liv. XXII, 49.

et aedilitii - - - -, *octoginta praeterea aut senatores aut qui eos magistratus gessissent, unde in senatum legi deberent.* Die Worte *unde legi deberent* setzten nämlich, meint man, den Gegensatz *unde legi possent* voraus, und dies letztere müsse nothwendig auf die niedern Magistrate sich beziehen. Man irrt darin aber auf zwiefache Weise: einmal indem man nur die curulischen Aemter für diejenigen hält, welche ein Anrecht an die Aufnahme in den Senat gegeben hätten, zweitens indem man daraus die Nichttheilnahme derer am Senat folgert, welche nur niedere Aemter bekleidet hatten. Die erstere Behauptung ist zu verwerfen aus folgenden zwei Gründen:

1) Man hat in jener Stelle unbegreiflicher Weise nur das Ende, nicht den Anfang berücksichtigt. Wenn aber in derselben zuerst die consulares, praetorii und aedilitii, d. h. alle welche curulische Aemter bekleidet hatten, aufgeführt und dann noch die genannt werden, welche zur Aufnahme in den Senat berechtigende Aemter verwaltet hatten; so sind unter diesen Aemtern offenbar nicht die curulischen, sondern gerade die niedern zu verstehen, die man beseitigen will.

2) Das Geschäft der Censoren bei der senatus lectio bestand darin, dass sie unwürdige Mitglieder ausstiessen und Exspectanten aufnahmen oder der Aufnahme für nicht würdig erklärten. Für die erste Function war die eigentliche Bezeichnung *senatu movere* oder *de senatu eiicere*, für die zweite *in senatum legere;* beide Bezeichnungen sind vollkommen genau und lassen kein Missverständniss zu. Anders ist es aber mit den Benennungen der dritten Function, des Nicht-Aufnehmens, *non legere* oder *praeterire*[21]. Indem nämlich bei jeder lectio der Senat als

---

[21] Dass der Ausdruck *praeterire* wirklich auch in diesem Sinne gebraucht wurde, zeigt unter andern das gleich folgende Beispiel des Metellus, und folgende Stelle des Festus s. v. praeteriti: *Quo factum est ut, qui praeteriti essent et loco moti, haberentur ignominiosi.*

nicht bestehend gedacht wurde, und somit jedesmal gewissermaassen von neuem gebildet werden musste, konnten diese Ausdrücke, die eigentlich das Nicht-Aufnehmen von Exspectanten bezeichnen, auch das Ausstossen wirklicher Mitglieder bedeuten [22]). Ausserdem besteht zwischen beiden Bezeichnungen noch ein nicht zu übersehender Unterschied. *Non lectus* nämlich kann von jedem nicht Berücksichtigten gesagt werden, *praeteritus* aber nur von Exspectanten, denn **übergangen** kann niemand werden, der nicht irgendwie einen Anspruch hat aufgenommen zu werden. Nun war L. Metellus im Jahre 540 Quästor und konnte von den Censoren dieses Jahres nicht in den Senat aufgenommen sein, weil eben diese wegen seiner nach der Schlacht bei Cannä bewiesenen Feigheit die strengsten Noten über ihn verhängt hatten [23]); derselbe Metellus wurde aber als Volkstribun von den Censoren des Jahrs 545 bei der senatus lectio übergangen [24]); folglich muss auch die Verwaltung nicht-curulischer Aemter jenes Anrecht schon verliehen haben.

Gesetzt aber auch die erste Behauptung wäre richtig, so würde darum doch die zweite, dass durch die Verwaltung eines curulischen Amtes das ius sententiae unmittelbar erlangt wurde, um nichts besser begründet sein. Denn man mag einen Schluss zu bilden suchen, wie man will, immer wird das erste Glied desselben lauten müssen: diejenigen, welche einen Anspruch hatten von den Censoren in den Senat aufgenommen zu werden, besassen von einem Lustrum zum andern Sitz und Stimme in demselben; ein Satz, der schlechterdings nicht bewiesen werden kann.

Auf diesen Beweis müssen wir also verzichten, und

---

22) So wird *non lectus* von einem wirklichen Senator gebraucht bei Cic. pro Cluent. 47, und *praeteritus* an vielen Stellen, z. B. Liv. XXXIV, 44.
23) Liv. XXIV, 18.
24) Liv. XXVII, 11.

sehr schwer hält es, einen andern an seine Stelle zu setzen. Indessen wenn hier schon und ebenso bei Livius XXIII, 23 die curulischen Aemter von den übrigen ihres Verhältnisses zum Senat wegen streng gesondert werden²⁵), so ist es immerhin wahrscheinlich, dass auch in Bezug auf die Theilnahme an demselben ein verschiedenes Recht unter ihnen bestand. Wenn ferner der flamen Dialis im Jahr 545 einen Sitz im Senat in Anspruch nahm, weil dies Recht mit der toga praetexta und der sella curulis auch der Würde des Flamen verliehen sei²⁶); so muss doch wohl der Besitz dieser Insignien der curulischen Aemter irgend wie Anspruch auf einen solchen gegeben haben. Wenn endlich des Valerius Ansicht irgend einmal Geltung gehabt hätte, so hätte die Klasse derer, welche das ius sententiae dicendae besassen, entweder lediglich aus den fungirenden Magistraten bestehen oder gar nicht vorhanden sein müssen. Das Letztere kann aber nicht angenommen werden, weil die zu Anfang dieses Abschnitts angeführte Stelle des Livius das Bestehen einer solchen Klasse schon lange vor dem dritten Puni-

---

25) Man beachte hierzu auch den Vorschlag des Consuls M. Valerius Lävinus bei Livius XXVI, 36: Aurum, argentum, aes signatum omne senatores crastino die in publicum conferamus, ita ut annulos sibi quisque et coniugi et liberis, et filio bullam, et quibus uxor filiaeve sunt singulas uncias pondo auri relinquant; argenti, qui curuli sella sederunt, equi ornamenta et libras pondo, ut salinum patellamque deorum causa habere possint.

26) Liv. XXVII, 8 *Vetustum ius sacerdotii repetebat: datum id cum toga praetexta et sella curuli et flaminio esse.* Die ältesten codices, der Puteanus und Bambergensis haben das *et* vor *flaminio*, und eben dieses auch zeigt deutlich, dass andere von dem Besitz dieser Insignien das Recht im Senat zu erscheinen ableiteten. Wollte man mir aber einwenden, dass die gewesenen Magistrate nicht mehr im Besitz dieser Insignien waren, so muss ich auf den folgenden, über die Magistrate handelnden Abschnitt verweisen, aus dem es erhellen wird, dass, wenn die Uebernahme curulischer Aemter das ius sententiae verlieh, dieses auch nach der Verwaltung derselben nicht verloren ging.

schen Krieg ausser Zweifel setzt; und auch das Erstere ist nicht wahrscheinlich, weil die fungirenden Magistrate, wie sich weiterhin zeigen wird, nur uneigentlicher Weise zu dieser Klasse gerechnet wurden, und weil sie jedenfalls, da die höhern Magistrate meistens schon Senatoren waren, in viel zu geringer Anzahl erschienen, um eine eigne Ordnung im Senat bilden zu können. Ich glaube also, dass das von Gellius angegebene Verhältniss auch schon vor dem dritten Punischen Kriege bestand, und trage kein Bedenken, die Meinung des Valerius als entschieden falsch zu verwerfen.

In der frühern Zeit besassen nur die, welche curulische, in der spätern auch die, welche nicht-curulische Aemter bekleidet hatten, noch vor ihrer Aufnahme durch die Censoren Sitz und Stimme im Senat. — So sind jetzt die beiden oben aufgestellten Sätze näher bestimmt, und in dieser Gestalt haben sie sich uns als vollkommen begründet erwiesen. Wir hätten also nur noch den Zeitpunkt zu bestimmen, in welchem die nachgewiesene Aenderung ins Leben getreten ist. Auch diese Untersuchung aber hat ihre grossen Schwierigkeiten und kann nicht ohne Weitläufigkeit geführt werden. Da nämlich eine directe Angabe jenes Zeitpunkts in unsern Quellen vergebens gesucht wird, so bleibt uns nur der schon einmal bei der lex Ovinia eingeschlagene Weg, unser Ziel zu erreichen; ein Weg, der seiner Natur nach nicht der geradeste sein, der aber schwerlich auf Abwege leiten kann, wenn er auch zum Ziele selbst nicht führen sollte. Wir suchen also die Zeiträume, in denen jene beiden verschiedenen Einrichtungen bestanden haben, so viel als thunlich zu erweitern und einander zu nähern, und so denjenigen möglichst zu beschränken, in welchem die Veränderung nothwendig eingetreten sein muss.

In den Fragmenten eines alten Gesetzes, das früher allgemein für die *lex Servilia repetundarum* gehalten wurde, jetzt aber durch Zumpts scharfsinnige Untersuchung [27]) als die *lex Acilia repetundarum* erkannt worden ist, heisst es an der Stelle, wo von der Auswahl der Richter die Rede ist: *Ne quem eorum legat, quei tribunus plebis, quaestor, triumvir capitalis, tribunus militum legionibus quattuor primis aliqua earum, triumvir agris dandis adsignandis sit fueritve, quive in senatu sit fueritve* [28]). Wie schon die lex iudiciaria des C. Gracchus, hatte also dies Gesetz den Zweck die Gesammtheit derjenigen, aus deren Mitte allein die Verbrecher hervorgehen konnten, vom Richteramte auszuschliessen; denn genau die nämlichen Personen sind es auch, die vorher [29]) als solche namhaft gemacht werden, welche allein dieses Verbrechens angeklagt werden könnten. Eine solche Bestimmung konnte auf zwiefache Weise ausgedrückt werden: entweder es wurden alle, die irgend ein Amt bekleideten oder bekleidet hatten, aufgezählt und dann noch die Senatoren hinzugefügt, welche keine Aemter verwaltet hatten; oder es wurden unter der Benennung Senatoren so viele umfasst, als unbeschadet der Genauigkeit nur immer geschehen konnte, und dann nur diejenigen Aemter noch namhaft gemacht, deren gegenwärtige oder frühere Inhaber möglicherweise nicht im Senat sein konnten. Die letztere Art der Bezeichnung ist, wie wir sehen, von dem Gesetzgeber vorgezogen worden, und deshalb ist auch für den Begriff „Senat" der möglichst umfassende Ausdruck gewählt worden. Nicht *qui senator sit fueritve* heisst es, sondern *qui in senatu sit fueritve* [30]), offenbar um auch

---

27) Zumpt, de legibus iudiciisque repetundarum p. 20 seqq.
28) Haubold, antiquitatis Romanae monumenta legalia p. 35.
29) Haubold, a. a. O. p. 25.
30) Es könnte auffallen, dass auch hier der Gesetzgeber den Conj. Perf. hinzusetzt, da diejenigen, welche eines iudicium turpe we-

die mit einzuschliessen, welche das ius sententiae dicendae, oder selbst dies nicht einmal [31]); besassen. Hätte der Gesetzgeber nun vor diesen Worten alle Aemter, auch diejenigen, welche erwiesenermaassen Zutritt zum Senat verschafften, namentlich angeführt, so wäre das wohl eine unnütze Weitläufigkeit, könnte aber keineswegs einen Grund abgeben, den Inhabern solcher Aemter einen Sitz im Senat abzusprechen, denn alle diese Leute besassen neben ihrer Eigenschaft als Senatoren noch eine andere, deretwegen sie auch mit aufgeführt werden konnten. Zählt er dagegen nur einige Magistrate auf und nennt er andere nicht, die doch auch mitgemeint sein mussten, so ist es augenscheinlich, dass er diese nur auslässt, weil sie ohnehin schon in der Kategorie derer, *qui in senatu sint*, mit einbegriffen waren, und dass er jene nur nennt, weil sie möglicherweise nicht mit unter jene Kategorie gehören konnten [32]). Es erhellt daraus, dass zur Zeit des Gesetzes nur die Verwaltung curulischer, nicht die nichtcurulischer Aemter Sitz und Stimme im Senat gab, und

---

gen nicht mehr im Senat waren, weiterhin noch ausdrücklich ausgenommen werden. Es musste aber geschehen wegen der von den Censoren aus dem Senat entfernten; denn ebenso wie diese, als die Senatoren richteten, auch mit zu Richtern erwählt werden konnten (Cic. pro Cluent. 43) und also fortwährend zum ordo senatorius gerechnet wurden, ebenso werden sie auch hier, da die Senatoren nicht richteten, mit ausgeschlossen sein sollen.

31) Wie z. B. die Magistrate, s. unten.

32) Nur ein Pleonasmus bleibt dann noch in den Worten des Gesetzes, nämlich dass auch von den Tribunen und Quästoren neben *fuerit* noch *sit* gesagt wird, obwohl diese während des Amtes ohne Zweifel im Senat waren. Dies geboten aber stylistische Rücksichten, und sachliche Bedenken dagegen waren nicht vorhanden. Uebrigens bedarf es wohl kaum der Bemerkung, dass nach meiner Erklärung des Gesetzes die fünf genannten Magistrate in ihrem Verhältniss zum Senat keineswegs sich gleich zu stehen brauchten. Denn wenn der Gesetzgeber diejenigen namhaft machen wollte, welche möglicherweise nicht im Senat waren, so musste er sowohl die nennen, welche manchmal nicht darin waren, als die, welche es niemals waren.

die Angabe des Gellius bestätigt sich vollkommen, nur dass nach dem Gesetze die plebejischen mit den curulischen Aedilen gleiches Recht hatten; eine Bestimmung, die sich dadurch leicht erklärt, dass seit der Errichtung der curulischen Aedilität auch die plebejische einen erweiterten Wirkungskreis erhielt und allmählig der anderen bis auf einige Ehrenrechte ganz gleichgestellt wurde [33]), so dass die gewesenen plebejischen, so gut wie die curulischen Aedilen, im Senat immer vor den tribuniciis sassen.

Bisher hatten wir als den Zeitraum, in welchem die Veränderung eingetreten sein muss, 80 Jahre, nämlich vom Jahre 604, wo ein quaestorius als solcher nicht im Senat war, bis zum Jahre 684, wo dies der Fall war. Jetzt haben wir durch die im Jahre 634 gegebene [34]) lex Acilia weitere 30 Jahre für das Bestehen der von Gellius angegebenen Einrichtung gewonnen, und da in der im Jahre 650 gegebenen lex Servilia die Bestimmung der lex Acilia wiederholt war [35]), so ist jener 80jährige Zeitraum um volle 46 Jahre verkürzt. Sehen wir jetzt, ob nicht auch von der andern Seite ein ähnliches Vorrücken der Grenzen möglich ist.

Ein von Cicero [36]) uns erhaltenes Fragment der **lex Cornelia de sicariis et veneficiis** verordnet folgendes: (Iudex quaestionis) *de eius capite quaerito, qui tribunus militum legionibus quattuor primis, quive quaestor, tribunus plebis — (deinceps omnes magistratus nominavit) —, quive in senatu sententiam dixit dixerit: qui eorum coiit coierit, convenit convenerit, quo quis iudicio publico condemnaretur.* Wie in dem Fragmente der lex Acilia dem Prätor, so wird hier dem iudex quaestionis eine

---

33) S. meine Abhandlung de aedilibus Rom. p. 6.
34) Zumpt a. a. O. p. 20.
35) Derselbe p. 28.
36) Cic. pro Cluent. 54.

Befugniss übertragen, die in Zukunft ausgeübt werden soll; wie es dort heisst *praetor legat iudices*, so heisst es hier ganz analog *iudex de eius capite quaerito*. Auch darin stimmen beide Gesetzesfragmente mit einander überein, dass in beiden diese Befugniss näher bestimmt wird, indem die Personen namhaft gemacht werden, auf welche sie allein Anwendung finden soll. Sie weichen aber von einander ab in der Art, wie diese Personen bezeichnet werden; denn während in der lex Acilia gesagt wird *qui quaestor sit fuerit, quive in senatu sit fuerit*, heisst es in der lex Cornelia *qui quaestor fuit fuerit quive in senatu sententiam dixit dixerit;* während dort der Conjunctiv des Präsens und Perfects gebraucht wird, steht hier das Perfect und Futurum exactum. Der Grund dieser Verschiedenheit ist nicht zu verkennen; denn in der lex Acilia wird die Qualität der Personen angegeben, wie sie zu der Zeit sein würde, wo die Befugniss in Kraft treten sollte, in der lex Cornelia dagegen, wie sie zu der Zeit gewesen sein würde, wo die verbrecherische Handlung begangen war. Da nun das Verbrechen der Untersuchung vorangehen muss, so musste es heissen *qui coiit;* da ferner nur gewisse Personen qui coierunt straffällig sein sollten, so musste die Qualität dieser Personen im Perfect hinzugefügt werden, wenn anders dieselbe so, wie sie zur Zeit des Verbrechens war, angegeben werden sollte. Hätten dagegen auch die straffällig sein sollen, die erst nach begangenem Verbrechen eine solche Qualität erlangten, so hätte stehen müssen *de eius capite quaerito qui quaestor est fuit — qui eorum coiit;* und hätten es auch die sein sollen, die vor der Verübung des Verbrechens eine solche besessen hatten, so hätte es heissen müssen *qui quaestor fuerat fuit — qui eorum coiit*. Waren also nach den Worten des Gesetzes nur die straffällig, welche zu der Zeit, wo das Verbrechen begangen wurde, eine von den im Gesetz namhaft gemachten Qualitäten besassen; so konnten es diejenigen, welche die bezeichneten Aemter nicht bekleideten, sondern schon bekleidet hatten, nur dann sein, wenn sie in der folgenden Klasse derer, *qui in senatu sententiam dicunt* mit einbegriffen waren. Nun sagt aber Cicero von demselben Gesetze [37]): *A. Cluentius, eques Romanus, causam dicit ea lege, qua lege senatores et ii qui magistratum habuerunt soli tenentur*, und schliesst somit offenbar auch diejenigen mit ein, welche Aemter bekleidet hatten. Folglich müssen zur Zeit der lex Cornelia diese alle nach vollendeter Amtsführung Sitz und Stimme im Senat gehabt haben.

Ich halte diese Beweisführung für untadelhaft, und nicht ihr Mangel an Folgerichtigkeit macht mich bedenklich; es findet sich aber ein anderer Umstand, welcher die ganze Arbeit nutzlos zu machen droht. Die lex Cornelia ist nämlich ursprünglich eine lex Sempronia, und meine Beweisführung beweist mehr, als sie nach meinem Willen beweisen soll. Folgt aus den Worten der lex Cornelia, dass damals das angegebene Verhältniss bestand, so müsste dasselbe aus eben dem Grunde auch schon zur Zeit des C. Gracchus bestanden haben; es wäre also das bewiesen, was ich kurz zuvor entschieden verworfen habe. Indessen so scheinbar dieser Einwurf auch ist, so fällt es doch nicht eben schwer, ihn zu entkräften. Zunächst ist wohl zu beachten, dass mein Beweis nicht auf den Worten des Gesetzes ruht, sondern auf der Vergleichung dieser Worte mit der von Cicero gegebenen Auslegung des Gesetzes. Da nun diese Auslegung, so weit sie in der oben angeführten Stelle vorliegt, sich ohne Frage lediglich auf das Cornelische, nicht auch zugleich auf das Sempronische Gesetz bezieht: was hindert uns denn anzunehmen, dass die Worte beider Gesetze ganz gleich sein konnten, und dennoch nicht genau die nämlichen Personen

---

37) Cic. pro Cluent. 57.

nach denselben straffällig zu sein brauchten? Nach dem strengen Wortlaut des Gesetzes waren lediglich straffällig die im Amte stehenden Magistrate und die stimmberechtigten Mitglieder des Senats, nicht aber die, welche Aemter bereits bekleidet hatten; erhielten aber diese letztern irgend einmal auch Sitz und Stimme im Senat, so bezog sich das Gesetz natürlich auch auf sie, ohne dass seine Worte darum geändert zu werden brauchten. Muss man also zugeben, dass Ciceros Auslegung nur von der lex Cornelia gilt, so kann man auch aus meiner Beweisführung nichts für die Zeit der lex Sempronia ableiten.

Etwas anders aber ist es mit der Auslegung, die Cicero von der lex Sempronia selbst giebt. Indem er von diesem Gesetz, so gut wie von der lex Cornelia, ausdrücklich berichtet, dass beide auf den Ritterstand durchaus keine Anwendung gehabt haben [38]), entsteht uns eine neue Schwierigkeit, da diese Angabe genau genommen weder mit dem zur Zeit der lex Sempronia, noch mit dem zur Zeit der lex Cornelia bestehendem Verhältniss vereinbar scheint. Denn wenn nach Gellius alle die, welche das ius sententiae dicendae hatten, vor ihrer wirklichen Aufnahme in den Senat, nur Ritter waren, so konnten zur Zeit der lex Sempronia wenigstens die, welche curulische, und zur Zeit der lex Cornelia auch die, welche niedere Aemter verwaltet hatten, nach dem Gesetz straffällig werden, obgleich sie Ritter waren und auf den

---

38) *Hanc ipsam legem, ne quis iudicio circumveniretur, C. Gracchus tulit: eam legem pro plebe, non in plebem tulit. Postea L. Sulla, homo a populi causa remotissimus, tamen cum eius rei quaestionem hac ipsa lege constitueret, qua vos hoc tempore iudicatis, populum Romanum, quem ab hoc genere liberum acceperat, alligare novo quaestionis genere ausus non est. Quod si fieri posse existimasset, pro illo odio, quod habuit in equestrem ordinem, nihil fecisset libentius, quam omnem illam acerbitatem proscriptionis suae, quaestus (qua est usus) in veteres iudices, in hanc unam quaestionem contulisset. Nec nunc quidquam agitur, nisi ut equester ordo in huiusce legis periculum includatur.* Cic. pro Cluent. 55.

Ritterstand das Gesetz keine Anwendung fand. Indessen auch dies Bedenken ist nach Zumpts vortrefflicher Abhandlung über die römischen Ritter leicht zu beseitigen. Es wird nämlich in dieser Abhandlung auf das Ueberzeugendste dargethan, dass der ordo equester erst von C. Gracchus geschaffen ist, und dass er von den Rittercenturien wohl unterschieden werden muss [39]). Dadurch dass in der lex Sempronia iudiciaria die Zahl der jährlich vom Prätor auszuwählenden Richter angegeben und als negative Bestimmung hinzugefügt war, dass nicht gewählt werden sollten, die im Senat sässen oder gesessen hätten und die unter einer bestimmten Summe censirt wären, entstand eine bestimmte Klasse im Volke, die sowohl vom Senat als von der Plebs deutlich geschieden, allmählig als ein besonderer Stand erscheinen musste [40]). Nun war ungefähr um dieselbe Zeit verordnet worden, dass jeder beim Eintritt in den Senat das Ross abgeben und somit aus den Rittercenturien ausscheiden sollte [41]); es würden also auch die Rittercenturien lediglich aus Perso-

---

39) Am deutlichsten erhellt dies aus Q. Cic. de petit. cons. c. 8: *Jam equitum centuriae multo facilius diligentia posse teneri videntur. Primum cognoscendi sunt equites, pauci enim sunt; deinde adipiscendi, multo enim facilius ista adolescentulorum ad amicitiam aetas adiungitur. Deinde habebis tecum ex iuventute optimum quemque et studiosissimum humanitatis. Tum autem, quod equester ordo tuus est, sequentur illi auctoritatem ordinis, si abs te adhibebitur ea diligentia, ut non ordinis solum voluntate, sed etiam singulorum amicitiis eas centurias confirmatas habeas.*

40) S. die angeführte Abhandlung p. 27.

41) Zumpt a. a. O. p. 22 beweist dies sehr gut, indem er die Worte des Scipio Aemilianus (Cic. de rep. IV. Fragm. 1.): *Quam commode ordines descripti, aetates, classes, equitatus, in quo suffragia sunt etiam senatus, nimis multis iam stulte hanc utilitatem tolli cupientibus, qui novam largitionem quaerunt aliquo plebiscito equorum reddendorum,* in Verbindung bringt mit einer Stelle des Plutarch Pomp. 22, wornach der Staatsritter sein Ross auf das Forum zu den Censoren nach Erfüllung des gesetzlichen Dienstes führte, und nun von diesen vom Kriegsdienst entbunden wurde.

nen ritterlichen Standes bestanden haben, wenn jedes Jahr Censoren vorhanden gewesen wären, um das Staatsross abzunehmen. Dies war aber nicht der Fall, und so mussten denn die, welche in der Zwischenzeit durch Verwaltung eines Amtes in den Senat gelangt waren, nothwendig ihr Ross so lange behalten, bis wieder Censoren gewählt waren; wie denn z. B. C. Gracchus aus diesem Grunde das seinige erst drei Jahr nach der Quästur abgab [42]). So gut wie diese also Ritter, d. h. Mitglieder der Rittercenturien, sein, und doch nicht zum ordo equester gehören konnten, ebensogut konnte auch unser Gesetz ganz füglich solche Ritter treffen, obgleich es aller Anwendung auf den ordo equester entbehrte.

Es bleibt mir nun noch ein Einwand zu beseitigen, den leicht ein Leser erheben könnte, auch wenn er meiner Darstellung bis hierher seine Zustimmung hat zu Theil werden lassen. Wenn nämlich auf den ordo equester das Gesetz keine Anwendung fand, so müssten auch die Kriegstribunen der ersten 4 Legionen zum ordo senatorius gehört haben. Dem gegenüber muss ich allerdings zugeben, dass die Verwaltung des Kriegstribunats nicht zum Eintritt in den Senat berechtigte; ich glaube aber, dass die Kriegstribunen damals gewöhnlich aus den Senatoren gewählt wurden. Einmal nämlich scheinen die vom Volke erwählten sowohl dem Wirkungskreise als dem Range nach über den andern gestanden zu haben [43]); zweitens scheint es zu Ciceros Zeit gestattet gewesen zu sein, vom Kriegstribunat, so gut als von der Quästur

---

42) Plut. C. Gracch. 2.

43) Festus p. 261 mit den Ergänzungen von Ursinus: Rufuli tribuni *militum appellabantur*, *quos* consul faciebat, *non populus*, *de quorum iure quod* Rutilius Rufus leg-em *tulerat*, *qua eis cavebatur multis* modis (sic enim eleva-*verant* eos, *ut praepondera*-bant hi qui populi suffr-*agis creabantur*), *Rufi a* cognomine Rutili a-c post *Rufuli appellati sunt*.

aus, sich um die Aedilität zu bewerben ⁴⁴); drittens endlich finden sich viele Beispiele von Kriegstribunen, die zugleich Senatoren und selbst Consularen waren ⁴⁵). Gesetzt aber auch es fänden sich widersprechende Beispiele, so würde zwar Ciceros Angabe von der Straflosigkeit der Ritter für nicht völlig genau, nicht aber meine Beweisführung für fehlerhaft zu erklären sein. Denn indem diese sich wesentlich stützt auf Ciceros Worte *qua lege senatores et ii qui magistratum habuerunt soli tenentur*, so bleibt ihr immer die Ausflucht, dass das Kriegstribunat kein Magistrat gewesen und dass es von Cicero nicht berücksichtigt worden sei.

Hiermit glaube ich meine Beweisführung hinlänglich gerechtfertigt zu haben, um nun von ihrem Ergebniss Gebrauch machen zu können. Um ein Bedeutendes sind wir damit unserm Ziele näher gerückt, denn jetzt steht es fest, dass weder vor dem Jahre 650 noch nach dem Jahre 673 die fragliche Aenderung ins Leben getreten sein kann. In diesem kurzen Zeitraum von 12 Jahren aber kenne ich wenigstens nur einen Mann, der mit Grund als Urheber einer solchen Maassregel betrachtet werden könnte. Es ist der Dictator L. Cornelius Sulla. Ich stelle mit Absicht diesen negativen Beweis voran, weil der po-

---

44) Cic. pro Plancio 21: Sed quid ego aedilicias repulsas colligo? quae saepe eiusmodi habitae sunt, ut iis, qui praeteriti essent, benigne a populo factum videretur. Tribunus militum L. Philippus - - -, quaestor C. Caelius - - -, aediles facti non sunt, quos tamen omnes consules factos scimus esse.

45) So war der Senator Flaccus Tribun (Sigonius zu Liv. XL, 41), so der quaestorius Sulla (Plut. Sulla 4, Mar. 14). Ferner werden bisweilen Consularen, die Tribunen wurden (Liv. XLII, 49 und XLIV, 1), und unter den Richtern des Verres allein drei Senatoren erwähnt, die es erst im folgenden Jahre sein sollten (Cic. in Verr. act. I, 10). Wahrscheinlich haben davon die spätern *tribuni laticlavii* ihren Ursprung. Dio LXVII, 11.

sitive, den ich zu führen im Stande bin, für sich allein vielleicht nicht hinreichen möchte.

L. Cornelius Sulla bezweckte mit seiner Umgestaltung der Verfassung eine Herstellung und Sicherung der Macht der Nobilität. Wie alle seine Verordnungen diesem Zwecke dienten, wie sie theils die Macht der Nobilität, deren Sitz der Senat war, erhöhten, theils die Befugnisse der mit dem Senat concurrirenden Staatsgewalten, des Volks und seiner Tribunen, verminderten und beschränkten, alles dies ist zu bekannt, um hier einer weitern Ausführung zu bedürfen. Es war aber noch eine andere Gewalt im Staate, die der Herrschaft der Nobilität leicht gefährlich werden konnte; ich meine die aus ihrer eignen Mitte hervorgegangenen patricischen Magistrate. Der Ehrgeiz und die Herrschsucht ihrer Mitglieder ist die Klippe, an welcher die Aristokratieen am öftersten scheitern, und diese Leidenschaften zu bekämpfen, dahin zu wirken, dass jeder nur den Vortheil der Genossenschaft, nicht den eignen sucht, dies ist die schwerste Aufgabe dessen, der eine Aristokratie nicht nur schaffen, sondern auf die Dauer begründen will. Sollte diesen wichtigen Umstand Sulla verkannt oder übersehen haben? Schwerlich ist es zu glauben, und viele seiner Verordnungen zeugen vom Gegentheil. Um die Lust am Herrschen gar nicht aufkommen zu lassen, verordnete er, dass niemand vor Ablauf von 10 Jahren dasselbe Amt wieder bekleiden dürfe, und bestimmte aufs genaueste die Befugnisse und Pflichten der Provincialbeamten. Um jede Veranlassung dem Volke zu schmeicheln von vorn herein abzuschneiden, schärfte er von neuem das alte Herkommen ein, dass jeder, der sich den Staatsgeschäften widmete, mit der Quästur beginnen müsse, und dass niemand Consul werden dürfe, der nicht vorher die Prätur bekleidet hätte. Um die Nobilität vom Volke unabhängig zu machen, übergab er die Gerichte dem Senat; um sie aber vor den Uebergriffen ihrer eignen Glieder zu sichern, schärfte er die Strafen für die Magistrate. Recht wohl also erkannte Sulla die Gefahr, und schwerlich wird er mit seinem Willen etwas versäumt haben, was dazu dienen konnte sie zu entfernen.

Nun war es aber nicht die ganze Nobilität, wofür Sulla arbeitete, denn auch die Marianer gehörten dazu und verfolgten, nur auf anderm Wege, im Grunde denselben Zweck, die Befriedigung ihrer Herrschsucht. Es war vielmehr nur eine Partei innerhalb der Nobilität, welche er auf Kosten der andern bereicherte, und der er um jeden Preis die Macht verschaffen wollte, selbst auf die Gefahr hin ihre Reinheit durch Aufnahme unedler Bestandtheile vernichten zu müssen. Eine solche Partei konnte nur durch den Senat herrschen; war dieser aber ganz in ihren Händen, so war ihre Obergewalt auch entschieden, und ein Umsturz derselben nicht leicht zu besorgen. Ein gewaltsamer Angriff von Seiten der Gegenpartei konnte dann einer so mächtigen und so fest zusammenhaltenden Körperschaft gegenüber kaum auf Erfolg rechnen, und gegen jeden Angriff auf gesetzlichem Wege wusste Sulla recht wohl vollkommen genügende Vorkehrungen zu treffen. Nur die Centuriatcomitien sollten fortan die gesetzgebende Gewalt haben, und auch diese sollten nur über einen vom Senat vorher genehmigten Antrag abstimmen dürfen. Tausende feindlich gesinnter Bürger wurden vertrieben oder ermordet, und 10,000 Sclaven wurden freigelassen und mit dem Bürgerrechte beschenkt, um die Lücke zu füllen und im Verein mit den 120,000 in Italien angesiedelten Soldaten eine starke und der Sullanischen Partei unbedingt ergebene Faction im Volke zu bilden. Wie hätte unter solchen Umständen ein dieser Partei nachtheiliges Gesetz vorgeschlagen, geschweige denn angenommen werden können, wenn ihr und des Senates Wille derselbe war? Den Senat also von Andersdenkenden zu säubern, ihn ganz zum Werkzeug seiner Partei zu machen, dies forderte sein Plan gebieterisch von Sulla, und niemand hat jemals sein Interesse schonungsloser verfolgt. Proscriptionen in Masse hatten bald die lästigen Gegner entfernt, und befreundete Ritter ebenso schnell die entstandene Lücke ergänzt. Einerlei Interesse und einerlei Ansichten herrschten jetzt wirklich im Senat, und keine missbilligende Stimme wurde laut, wenn es den Vortheil der Partei galt. Dennoch war das Ziel noch nicht erreicht, und gerade die schwerste Aufgabe noch immer unerledigt. Die Mitglieder des Senats wechselten, und leicht konnte, was heute die erklärte Ansicht aller war, binnen wenigen Jahren ein Gegenstand des Abscheus für viele werden. Wie also diese Einigkeit zu erhalten und wie das Emporkommen einer Minorität zu verhindern sei, das war gewiss eine Lebensfrage für das Bestehen der Sullanischen Verfassung. Nicht immer waren Proscriptionen anwendbar, nicht immer stand ein Sullanisches Heer den Machthabern hülfreich zur Seite; andere Mittel waren zu erdenken und auf gesetzlichem Wege musste das Ziel erreicht werden können. Bisher hatten zwei Männer das Recht gehabt, den Senat zu säubern und zu ergänzen; aus den gewesenen Magistraten und auch aus den übrigen Bürgern wählten sie die Würdigen und verstiessen die Unwürdigen, und nur ihrem Gewissen waren sie für ihre Handlungsweise verantwortlich. Unumschränkt war also ihre Macht, denn wo Parteiinteressen sprechen, da schweigt in der Regel das Gewissen. Sollte nun Sulla einer solchen Gewalt die Körperschaft anvertrauen, auf deren Reinerhaltung das Werk seines Lebens beruhte? Sollte er, der schändliche Menschen in Masse in den Senat aufnahm, einen Magistrat dulden, welcher nicht blos im Stande, sondern sogar verpflichtet war, alle die aus dem Senat zu entfernen, deren Sitten Anstoss gaben und deren Herkunft nicht ganz tadelfrei war? War doch eine schwache, wenngleich heimliche Minorität im Senat auch mit der grössten Vorsicht nicht ganz zu beseitigen: wie nun, wenn aus ihrer Mitte zwei Männer, die ihre Meinung bis dahin geschickt verborgen hatten, zu Censoren gewählt wurden? Wie dann, wenn diese Männer ihre Befugniss zum Vortheil ihrer Partei anwandten, wenn sie eine Menge ihrer Gegner unter allerlei Vorwänden, die bei Sullanischen Senatoren nie fehlen konnten, aus dem Senat entfernten und ihre Parteigenossen dafür aufnahmen? Man denke nur an die Zeit, wo endlich die Reaction erfolgte, an das Jahr 684, in welchem 64 Senatoren auf einmal aus dem Senat gestossen wurden. Wo war dann die Macht des Senats, und welche Schreckmittel blieben der Sullanischen Partei, wenn schon durch dies Mittel allein selbst die Gerichte ihr entfremdet wurden? Gewiss eine so dringende, seinen Einrichtungen drohende Gefahr konnte der vorsichtige Sulla am wenigsten übersehen. Was aber sollte er thun? Ein unfehlbares Mittel zu finden war unmöglich, wenigstens wurde es nicht gefunden; auch musste das Herkommen einigermassen wenigstens beobachtet werden. Was also blieb übrig, als allen Magistraten kraft ihres Amtes Zutritt zum Senat zu gestatten, und so denselben unmittelbar durch Volkswahl und ohne Dazwischenkunft der Censoren zu ergänzen. So lange der Senat in der Gewalt der Sullanischen Partei war, konnte es dieser nicht schwer werden, missliebige Candidaten zu beseitigen, zumal da eine bedeutende Partei im Volke zu ihrer Verfügung stand; gesetzt aber es gelangten einige wider ihren Willen ins Amt, so waren dies immer nur Einzelne, deren Stimme unter dem Geschrei Andersdenkender verhallen musste, und die Gefahr war jedenfalls nicht so gross, als wenn ein Paar Männern, deren Gesinnung doch nie mit Sicherheit erforscht werden konnte, gestattet war gleich im Grossen zu ändern.

Doch ich höre schon den Einwurf: das alles läuft ja

nur darauf hinaus, wie es Sulla möglicherweise hätte machen können; es wäre allenfalls an seinem Platze gewesen als guter Rath, den man dem Sulla hätte ertheilen können, ein Beweis aber dafür, dass er es wirklich so gemacht hat, ist es keineswegs. Ganz recht; dafür gebe ich es auch nicht aus. Sieht man indessen einen Menschen ein Ziel mit Einsicht und Beharrlichkeit verfolgen, und entdeckt man dann ein Mittel, das diesem Zwecke sehr angemessen erscheint; so wird man schwerlich den Vorwurf der Thorheit auf sich laden, wenn man glaubt, dieser Mensch werde gerade dies Mittel angewandt haben, obgleich keine Sicherheit dafür vorhanden ist, dass er nicht gerade hier die an ihm gewohnte Klugheit verläugnet hat, oder dass nicht doch vielleicht ein anderes angemesseneres Mittel hat gefunden werden können. Finden sich aber gar Anzeichen, dass er dies Mittel wirklich ergriffen, und keine Spur davon, dass er einen andern Weg eingeschlagen hat, so wird man sich nicht ohne Grund für berechtigt halten können, das Erstere als ausgemacht anzunehmen und das Zweite geradehin zu verwerfen; man müsste denn gleich den Akademikern mit der Entscheidung zurückhalten wollen, weil keines von beiden ausser allem Zweifel ist. Sehen wir also jetzt, ob dergleichen Anzeichen sich finden.

Im Jahre 684 unter dem Consulat des Pompejus und Crassus geschah der Hauptangriff auf die Sullanische Verfassung. Beneidet, gefürchtet und auf allen Schritten behindert von der aristokratischen Partei, vergöttert von der Menge, schloss sich Pompejus dieser an und suchte durch Aufhebung der Cornelischen Gesetze und durch Wiederherstellung der Volksgewalt ihre Gunst sich auf die Dauer zu erwerben. Zwei Hauptpfeiler der Sullanischen Einrichtungen, die Beschränkung des Tribunats und die ausschliesslich senatorischen Gerichte, fielen nach einander; die Macht dieser Partei war erschüttert, und sie wäre gebrochen worden, wenn auch die Wiederherstellung der Censur durchgesetzt, und mit Hülfe der neuen Censoren ihre Majorität im Senat gebrochen und die Minorität wieder zu Kräften gebracht werden konnte. Auch dies gelang dem Pompejus: nach 17 Jahren zum erstenmal hatte Rom wieder Censoren. Zwei Männer, von denen der eine wenigstens entschieden der Opposition angehörte [46]), säuberten jetzt den Senat mit einer Strenge, die ihres Gleichen nicht hat in der römischen Geschichte. Vier und sechzig Mitglieder des Senats wurden aus demselben entfernt [47]); darunter waren der Sullaner C. Antonius [48]), die nachherigen Catilinarier Lentulus [49]) und Q. Curius [50]), ferner P. Popillius, weil er der Sohn eines Freigelassenen war [51]). Und wie viele andere mochten aus gleichem Grunde ausgestossen sein, von denen sicherlich viele von Sulla aufgenommen waren; sagt doch Cicero pro Cluent. 47 selbst: *omnes intelligimus, in istis subscriptionibus ventum quendam popularem esse quaesitum.* Soll man denn solchen Erscheinungen gegenüber nicht auf den Gedanken kommen, ein Magistrat, dessen erstes Wiedererscheinen der Sullanischen Partei einen so empfindlichen Schlag versetzte, sei von Sulla gefürchtet und seine Besetzung, wenn auch nicht geradezu verboten, so doch überflüssig gemacht worden? Will man es denn für Zufall halten, dass so lange Zeit dies Amt nicht bestand, und dass erst elf Jahre nach der von Sulla veranstalteten Er-

---

46) Cn. Lentulus, der schon als Consul die Käufer eingezogener Güter, denen Sulla die Zahlung erlassen hatte, in Anspruch genommen hatte: s. Gell. XVIII, 4.

47) *Cn. Lentulus et L. Gellius asperam censuram egerunt,* 64 *senatu motis.* Liv. epit. 98.

48) Ascon. ad orat. in toga cand. p. 84 Orelli.

49) Plut. Cic. 17, Dio XXXVII, 30, Liv. ep. 98.

50) Sall. Catil. 23.

51) Cic. pro Cluent. 47.

gänzung des Senats und gerade in dem Jahre, wo seine Verfassung zusammenbrach, neue Censoren gewählt wurden? Allerdings waren auch sonst die Censoren nicht immer zur rechten Zeit gewählt worden; dann waren es aber besondere Umstände, welche die Wahl verhinderten, und die Censorengeschäfte werden aufgeschoben sein. Dagegen finden sich jetzt dergleichen Umstände nicht, welche die zweimalige Unterlassung der Wahl erklären könnten, und während diejenigen Geschäfte der Censoren, welche Sulla gerade fürchtete, die senatus lectio und der Census [52]), ganz ausfielen, wurden die übrigen, die Verpachtung der vectigalia und ultrotributa, von den Consuln besorgt, und zwar gerade in den Jahren, in welchen Censoren hätten gewählt werden müssen. Die letzten Censoren vor Sulla waren L. Marcius Philippus und M. Perperna im Jahr 668; eine neue Censorenwahl hätte also Statt finden müssen im Jahre 674, und wirklich heisst es von den Consuln dieses Jahres bei Cicero in Verr. lib. I, c. 50: *Aedem Castoris P. Junius habuit tuendum de L. Sulla Q. Metello consulibus.* Ganz dasselbe wird dann von den Consuln des Jahres 679, in welchem wiederum Censoren hätten gewählt werden müssen, berichtet in den Verrinen a. a. O.: *Cum L. Octavius C. Aurelius consules aedes sacras locavissent, neque potuissent omnia sarta tecta exigere, neque ii praetores, quibus erat negotium datum, C. Sacerdos et M. Caesius: factum est senatus consultum, quibus de sartis tectis cognitum et iudicatum non esset, uti C. Verres P. Coelius praetores cognoscerent et iudicarent;* — und weiterhin lib. III, c. 7: *L. Octavio et C. Cottae consulibus senatus permisit, ut vini et olei decumas et frugum minutarum, quas ante quaestores in Sicilia vendere consuessent, Romae venderent, legemque his rebus, quam ipsis*

---

52) Dass in dieser Zeit kein Census gehalten worden ist, ergiebt sich aus Cic. pro Archia poeta c. 5.

videretur, dicerent. Cum locatio fieret, publicani postularunt, quasdam res ut ad legem adderent neque tamen a ceteris censoriis legibus recederent. - - - Consules - - - pronuntiarunt, se lege Hieronica vendituros. Itane vero? prudentissimi homines, summa auctoritate praediti, quibus senatus legum dicendarum in locandis vectigalibus omnem potestatem permiserat, populusque Romanus iusserat, etc. Zu allem dem kommt nun noch ein Zeugniss, welches die Abschaffung der Censur geradezu als ein Werk des Sulla bezeichnet. Cicero in der divin. in Q. Caec. c. 3. sagt nämlich: *Iudiciorum desiderio tribunitia potestas efflagitata est; iudiciorum levitate ordo quoque alius ad res iudicandas postulatur; iudicum culpa atque dedecore etiam censorium nomen, quod asperius antea populo videri solebat, id nunc poscitur,* — und hierzu bemerkt der Scholiast des Gronov p. 384 in der Orellischen Ausgabe: *Decem tribuni eligebantur antea, qui quasi tuerentur populi Romani maiestatem, et censores, qui mores senatorum censebant et quosdam a senatu propter morum vitia pellebant, non in perpetuum sed ad certum tempus. Hos omnes pro nobilitate faciens sustulit Sulla.* Allerdings ist nun die Auctorität des Scholiasten äusserst gering, im Grunde genommen aber folgt ganz dasselbe schon aus Ciceros Worten. Hätte er nämlich blos die Censoren erwähnt, so könnte man allerdings die Forderung des Volks auf das zufällige Fehlen derselben beziehen; indem er aber das Nicht-Bestehen der Censur mit zwei Sullanischen Einrichtungen in Verbindung bringt, so zeigt er dadurch deutlich an, dass auch dies eine von Sulla herrührende Anordnung war.

Hat sich nun aus dem Allen ergeben, dass die Censur von Sulla abgeschafft war, so ist damit auch zugleich bewiesen, dass die bisherige Art den Senat zu ergänzen fernerhin nicht mehr bestehen konnte, und dass eine Aenderung des Verfahrens in der Art, wie ich sie angegeben habe, unvermeidlich war. Waren nämlich 17 Jahre hindurch keine Censoren vorhanden und sollten überhaupt keine mehr gewählt werden, so hätten die ordentlichen Mitglieder des Senats bald ganz aussterben müssen, da man dieses nur durch die lectio der Censoren werden konnte, und auch die Zahl derjenigen, welche das Stimmrecht im Senat besassen, wäre sehr klein gewesen, wenn immer noch nur die Verwaltung curulischer Aemter dazu berechtigte.

Indessen eines solchen indirecten Beweises bedarf es gar nicht einmal, da auch ein directer keineswegs mangelt. Ich berufe mich gar nicht auf die Worte des Cicero de legg. III, 12: *Ex his autem, qui magistratum ceperunt, quod senatus efficitur, populare sane, neminem in summum locum nisi per populum venire, sublata cooptatione censoria,* und eine ähnliche Stelle in der Rede für den Sextius c. 65; ich hebe nur hervor die Worte des Tacitus in den Annalen XI, 22: *Lege Sullae quaestores viginti creati supplendo senatui, cui iudicia tradiderat,* denn diese Stelle ist mit dem Bestehen der alten Einrichtung schlechterdings unvereinbar. Wäre sie nämlich noch immer unverändert beibehalten worden, so hätte Sulla nur die Zahl der Exspectanten vermehrt; eine Massregel, die vollkommen überflüssig war, da die Censoren bei der Auswahl an diese nicht gebunden waren. Es musste vielmehr die Uebernahme der Quästur unmittelbar die Senatorwürde verschafft haben, wenn Sulla wirklich die Zahl der Senatoren durch diese Massregel vermehren konnte.

Wir suchten einen Urheber der von Festus angegebenen Einrichtung, und haben Sulla als solchen erkannt; wir suchten ferner eine Bestätigung seiner Angabe, dass schon die Verwaltung der Quästur Sitz und Stimme im Senat verlieh, und haben gefunden, dass dies nach Sulla's Dictatur sich allerdings so verhielt. Zugleich hat sich uns aber mehr ergeben, als wir wollten; denn nicht nur stimmberechtigter Beisitzer, sondern ordentliches Mitglied des Senats wurde man in dieser Zeit unmittelbar durch die Verwaltung auch der niedern Aemter. Natürlich entsteht dann die Frage: wie konnte Festus unter solchen Umständen überhaupt noch von einer Klasse derjenigen sprechen, welche nur das ius sententiae dicendae besassen? Sicher hätte er es auch nicht gekonnt, wenn die von Sulla angeordnete Abschaffung der Censur in Kraft geblieben wäre; er konnte es aber, weil jenes Amt wieder hergestellt wurde. Erhielten nämlich die Censoren wieder die senatus lectio, so musste allerdings jener Unterschied wieder eintreten; dass er aber auch jetzt ohne alle wesentliche Bedeutung war, glaube ich hinlänglich darthun zu können.

Es ist ein bekannter Grundsatz des römischen Staatsrechts, dass bei allen Amtshandlungen eines Magistratscollegiums der Verbietende, d. i. der Vertheidiger des Bestehenden, die entscheidende Stimme hatte [53]). *Parere iubet* (lex) *intercessori, quo nihil praestantius; impediri enim bonam rem melius, quam concedi malae*, sagt Cicero de legg. III, 18. Man wollte also damit der unzeitigen Neuerungssucht vorbeugen, und sicher ist auch diese Bestimmung eine der stärksten Stützen des conservativen Elements, das in der römischen Verfassung unverkennbar vorwaltete. Wie bei allen Magistratscollegien galt dieser Grundsatz nun auch bei den Censoren [54]). Es hatte also während des Bestehens der alten Einrichtung, wenn es sich bei der senatus lectio um die Aufnahme neuer Mitglieder handelte, derjenige die Entscheidung, welcher gegen

---

53) App. bell. civ. III, 50: Ἔστι ἐν τοῖς ἄρχουσιν ὁ κωλύων ἀεὶ δυνατώτερος.

54) Liv. XLII, 10: *Concors et e republica censura fuit: omnes, quos senatu moverunt quibusque equos ademerunt, aerarios fecerunt et tribu moverunt, neque ab altero notatum alter probavit.* Vergl. Liv. XLV, 15.

dieselbe stimmte; galt es dagegen die Nicht-Berücksichtigung solcher, die bereits ordentliche Senatoren waren, so war die Ansicht desjenigen massgebend, welcher die Beibehaltung derselben wünschte. So konnte z. B. im Jahre 545 Q. Fabius Maximus nicht zum princeps senatus von dem einen Censor erwählt werden, bevor der andere seine Einwilligung gegeben hatte [55]), und im Jahr 575 vermochte der eine Censor nicht, gewisse ihm missfällige Mitglieder des Senats aus demselben zu entfernen, weil sein Collega sich dem widersetzte [56]). Ein Exspectant bedurfte der Einwilligung beider Censoren, um Senator zu werden, ein ordentliches Mitglied des Senats nur die Stimme eines einzigen Censors, um es zu bleiben. Fände sich also zu irgend einer Zeit ein Beispiel, dass bei einem von Censoren noch nicht in den Senat aufgenommenen Mitgliede desselben die Ansicht desjenigen Censors, welcher für die Aufnahme war, den Ausschlag gab, so könnte die alte Einrichtung zu dieser Zeit nicht mehr bestanden haben, sondern es müssten bereits die Expectanten als wirkliche Senatoren betrachtet worden sein. Nun konnte weder Popillius im Jahre 684, noch der jüngere Curio [57]) im Jahr 704 von Censoren in den Senat aufgenommen worden sein. Dennoch heisst es in den genannten Jahren von dem ersteren bei Cicero pro Cluentio c. 47: *Condemnat Popillium Gellius: iudicat ac-*

---

55) Liv. XXVII, 11.

56) Liv. XL, 51: *Censores fideli concordia senatum legerunt. — — — — — — tres eiecti de senatu. Retinuit quosdam Lepidus a collega praeteritos.* — Cic. pro Cluent. 43: *Ipsi inter se censores sua iudicia tanti esse arbitrantur, ut alter alterius iudicium non modo reprehendat, sed etiam rescindat, ut alter de senatu moveri velit, alter retineat et ordine amplissimo dignum existimet, ut alter in aerarios referri aut tribu moveri iubeat, alter vetet.* Vergl. noch App. bell. civ. I, 28.

57) Curio war wahrscheinlich Quästor im Jahr 700, (Cic. ad fam. II, 5. 6.), und Censoren waren im J. 699 und brachten in diesem Jahre auch ihre Geschäfte zu Ende (Cic. ad Att. IV, 9).

cepisse a Cluentio pecuniam. Negat hoc Lentulus; nam Popillium, quod erat libertini filius, in senatum non legit, locum quidem senatorium ludis et cetera ornamenta relinquit et eum omni ignominia liberat [58]); — und von dem zweiten bei Dio XL, 63: der Censor Piso τὸν Κουρίωνα μελλήσαντα ἀπαλειφθήσεσθαι (nämlich vom andern Censor Appius) ἐξῃτήσατο. Entschied also beide Male der Censor, welcher für die Aufnahme stimmte, und sollte dem Grundsatz nach der Vertheidiger des Bestehenden den Ausschlag geben, so müssen Popillius und Curio bereits als wirkliche Mitglieder des Senats betrachtet worden sein.

Dasselbe geht ferner hervor aus folgendem Vorfall. Der Consular Lentulus war von den Censoren aus dem Senat gestossen worden, und verwaltete dann zum zweiten Male die Prätur, nach Dio XXXVII, 30 ὅπως τὴν βουλείαν ἀναλάβῃ, oder wie Plutarch im Leben des Cicero 17 berichtet: τότε στρατηγῶν τὸ δεύτερον, ὡς ἔθος ἐστὶ τοῖς ἐξ ὑπαρχῆς ἀνακτωμένοις τὸ βουλευτικὸν ἀξίωμα. Hätte nämlich die alte Einrichtung noch bestanden, so war des Lentulus Massregel nicht blos völlig überflüssig, denn die neuen Censoren konnten ja eben so gut auch ohnedem die Nota aufheben oder fortbestehen lassen [59]); sie war sogar nachtheilig, denn nun konnte Lentulus im glücklichsten Falle nur als Prätorier wieder aufgenommen werden, während er sonst seinen Platz unter den Consularen zurückerhalten hätte; ein Nachtheil, der durch die Erlangung des Rechts, im Senat ein Paar Jahre hindurch zu stimmen, schwerlich aufgewogen wurde. War dagegen eine Aenderung in der angegebenen Art eingetreten, so

---

58) Das Beispiel passt zwar nicht ganz genau, weil beide Censoren für die Ausschliessung des Popillius sind; indessen auch die Ehrenrechte eines Senators hätte Lentulus dem Popillius nicht lassen können, wenn die alte Einrichtung noch bestanden hätte.

59) Cic. pro Cluent. 43: *Censores ipsi saepenumero superiorum censorum iudiciis (si ista iudicia appellare vultis) non steterunt.*

erscheint das Verfahren des Lentulus als vollkommen angemessen; denn das Ausstossen eines ordentlichen Mitglieds aus dem Senat ist offenbar schwieriger, als das Nicht-Aufnehmen eines Exspectanten. Wurde Lentulus durch seine zweite Prätur wirklicher Senator, so musste ihn ein etwa feindlich gesinnter Censor als solchen beibehalten, wenn sein College es wollte; erhielt er dagegen dadurch nur das ius sententiae dicendae, so konnte ihm ein Freund unter den Censoren nichts helfen, wenn dessen College forderte, dass er bei der Aufnahme nicht berücksichtigt würde.

Man sieht, dass die eine Befugniss der Censoren bei der senatus lectio, die Aufnahme neuer Mitglieder, ihnen so gut als entzogen war, denn von der durch sie bewirkten Aufnahme anderer ausser den gewesenen Magistraten findet sich meines Wissens in dieser Zeit kein sicheres Beispiel. Nur die zweite Befugniss also, nämlich die, unwürdige Mitglieder aus dem Senat zu entfernen, blieb der Censur bei ihrer Wiederherstellung im Jahre 684, und auch diese erlitt bald eine Beschränkung, welche der völligen Aufhebung fast gleichkam. Im Jahre 696 nämlich gab der Tribun P. Clodius das Gesetz, *ne quem censores in senatu legendo praeterirent neve qua ignominia afficerent, nisi qui apud eos accusatus et utriusque censoris sententia damnatus esset*⁶⁰); ein Gesetz, welches die censorische Rüge gerade da, wo sie nöthig war, unmöglich machte⁶¹), welches aber so sehr von den Zeitumständen geboten war, dass selbst seine Aufhebung im Jahr 702 die Censur nicht wieder zu Kräften bringen konnte. Ὁ Σκιπίων, sagt Dio XL, 57, τὰ πρὸς τοῦ Κλωδίου περὶ τῶν

---

60) Ascon. ad or. in Pis. p. 9 Orelli. — Dio XXXVIII, 13: Ὁ Κλώδιος τοῖς τιμηταῖς ἀπηγόρευσε, μήτ' ἀπαλείφειν ἔκ τινος τέλους, μήτ' ἀτιμάζειν μηδένα, χωρὶς ἢ εἴ τις παρ' ἀμφοτέροις σφίσι κριθεὶς ἁλοίη.

61) Cic. pro Sext. 25, in Pis. c. 4, de provinciis cons. c. 19.

τιμητῶν γραφέντα κατέλυσε. Καὶ ἔδοξε μὲν τὴν ἐκείνων χάριν τοῦτο πεποιηκέναι, ἐπειδὴ τὴν ἐξουσίαν αὐτοῖς, ἣν καὶ πρὶν εἶχον, ἀπέδωκε· περιέστη δὲ ἐς τοὐναντίον. Ὑπὸ γὰρ τοὺς πολλοὺς ἔν τε τῇ ἱππάδι καὶ ἐν τῷ βουλευτικῷ φλαύρους ἄνδρας εἶναι, τέως μὲν μηδένα μήτε κατηγορηθέντα μήθ' ἁλόντα διαγράψαι σφίσιν ἐξῆν, οὐδεμίαν τῶν οὐκ ἀπαλειφομένων αἰτίαν εἶχον· ἀπολαβόντες δὲ τὴν ἀρχαίαν ἰσχὺν, (ὑφ' ἧς αὐτοῖς καὶ καθ' ἑαυτοὺς τὸν ἑκάστου βίον ἐξετάζουσι τοῦτο ποιεῖν ἐδέδοτο) οὔτε πολλοῖς προσκρούειν ὑπέμενον, οὔτ' αὖ ἐν μέμψει τινὶ, ὡς μὴ διαγράφοντες τοὺς οὐκ ἐπιτηδείους, γίγνεσθαι ἤθελον. Καὶ διὰ τοῦτο οὐδὲ ἐφίετο ἔτι τῆς ἀρχῆς τῶν ἐμφρόνων οὐδὲ εἷς. Der Sittenverderbniss zu wehren, war die Censur errichtet; die Sittenverderbniss wurde allgemein, und die Kraft der Censur war dahin.

Schon aus der Art und Weise also, wie in dieser Zeit die senatus lectio gehalten wurde, erhellt genugsam, dass die Aufnahme in den Senat damals nur eine Form ohne alle Bedeutung war, und dass alle Rechte und Pflichten eines Senators unmittelbar mit der Ertheilung eines senatorischen Amtes übertragen wurden. Es fehlt indessen auch an Zeugnissen nicht, welche geradezu senatorische Rechte auch den von den Censoren noch nicht Aufgenommenen zuschreiben. So war es, wie wir sahen, mit der Berechtigung zum Richteramte und mit dem Sitz im Theater, und so ist es auch mit einer andern Auszeichnung der Senatoren, deren ich hier des Folgenden wegen in der Kürze gedenken muss.

Cicero sagt in der Rede für den Rabirius Postumus c. 5: *Datur tibi tabella iudicii. Qua lege? Julia de pecuniis repetundis. Quo de reo? de equite Romano. At iste ordo lege ea non tenetur.* Eine lex de pecuniis repetundis konnte überhaupt nur auf solche Männer Anwendung finden, welche mit irgend welcher Gewalt vom Staate bekleidet waren; die lex Julia insbesondere aber bezog sich nach Ciceros Meinung wenigstens ⁶²) nur auf den ordo senatorius, nicht auf den ordo equester. Nun wurde unter dem Consulat des Pompejus der Vorschlag gemacht, auch die mit einer öffentlichen Gewalt bekleideten Ritter in das Gesetz mit einzuschliessen, und diese Erweiterung des Gesetzes wurde so ausgedrückt, dass dasselbe auch Anwendung finden sollte auf die Tribunen, Präfecten, Schreiber und alle Begleiter der Statthalter ⁶³). Es ist also klar, dass die höhern, nicht genannten Magistrate schon vorher in dem Gesetz mit einbegriffen waren, und dass z. B. die Quästoren schon in ihrem Amtsjahr auch in dieser Beziehung als zum ordo senatorius gehörend betrachtet wurden, obgleich da ihre förmliche Aufnahme durch die Censoren gewiss noch nicht erfolgt war. Die von C. Gracchus begonnene Scheidung des ordo senatorius vom ordo equester als streng begrenzter Stände war damit vollendet; das Institut der equites equo publico aber stand in der Mitte und gehörte keinem von beiden ausschliesslich an. Man konnte ganz wohl in den 18 Rittercenturien sein, ohne zum ordo equester zu gehören, und brauchte der strengen Form nach noch gar nicht ordentliches Mitglied des Senats zu sein, um doch zum ordo senatorius gerechnet zu werden.

---

62) Dass Zumpt in seiner Abhandlung de legibus iudiciisque repetundarum p. 64 die Richtigkeit der Ciceronischen Auffassung des Gesetzes, wie es mir scheint, mit Recht in Zweifel zieht, macht für unsern Zweck keinen Unterschied.

63) Cicero a. a. O. c. 6: *Cum, optimo et praestantissimo consule Cn. Pompeio de hac ipsa quaestione referente, existerent nonnullae sed perpaucae tamen acerbae sententiae, quae censerent ut tribuni, ut praefecti, ut scribae, ut comites omnes magistratuum lege hac tenerentur: vos, vos, inquam, ipsi et senatus frequens restitit, et quamquam tum propter multorum delicta etiam ad innocentium periculum tempus illud exarserat, tamen, cum odium non restingueretis, huic ordini ignem novum subiicere non sivistis.*

4. Die Magistrate im Senat.

Alle Magistrate von den Consuln bis zu den Quästoren herab haben das ius sententiae dicendae gehabt, und sind folglich, wofern sie nicht bereits wirkliche Senatoren waren, zu der Klasse der stimmberechtigten Beisitzer gerechnet worden; dies ist die jetzt allgemein angenommene und, wie es scheint, vollkommen begründete Ansicht. Denn nicht nur dass höhere Magistrate, die fast immer schon wirkliche Senatoren waren, im Senat zugegen waren und gesprochen haben, ist unzweifelhaft, man hat auch vom Quästor Cato dasselbe überliefert gefunden[1]) und könnte sich ebenfalls auf das Beispiel des Quästor Clodius beziehen[2]), wenn dies überhaupt noch nöthig wäre. Dennoch ist der Schluss zu rasch, und die Ansicht, so weit sie hierauf beruht, nicht begründet; keineswegs nämlich folgt aus der Befugniss im Senat zu sprechen, welche die Magistrate ohne Zweifel hatten, und noch weniger aus ihrer blossen Gegenwart im Senat, dass ihnen auch das ius sententiae im eigentlichen Sinne zugestanden habe. Gellius XIV, 8 sagt folgendes: *Praefectum urbi Latinarum causa relictum senatum habere posse Junius negat, quoniam ne senator quidem sit neque ius habeat sententiae dicendae - -. M. autem Varro et Ateius Capito ius esse praefecto senatus habendi dicunt. - - - Namque et tribunis plebis senatus habendi ius erat, quamquam senatores non*

---

1) Plut. Cato minor c. 18: Ἐκκλησίαν καὶ βουλὴν οὐδεμίαν παρῆκε, δεδιὼς καὶ παραφυλάττων τοὺς ἑτοίμως καὶ πρὸς χάριν ὀφλημάτων καὶ τελῶν ἀνέσεις ἢ δόσεις οἷς ἔτυχεν ἐπιψηφιζομένους.

2) Das Gericht über Clodius wegen Tempelschändung wurde im Jahr 693 gehalten, in welchem er Quästor war. Vielfache Verhandlungen im Senat waren vorausgegangen. Von einer derselben berichtet Cicero dem Atticus (I, 14): *Cum decerneretur frequenti senatu, contra pugnante Pisone, ad pedes omnium sigillatim accidente Clodio etc.* Clodius war also im Senat. Vergl. ad Att. I, 16.

essent ante Atinium plebiscitum. Wenn also dem praefectus urbi, trotz dem dass ihm das ius sententiae nicht zustand, doch das Recht den Senat zu berufen, und folglich auch das Recht, in demselben zu sprechen, nicht abgesprochen werden konnte, so folgt auch für die übrigen Magistrate aus dem Besitz dieses letztern Rechts nicht, dass sie auch jenes erstere besessen haben, vielmehr müssen beide Rechte wesentlich von einander verschieden gewesen sein. Hätte doch sonst der jedesmalige Referent, der doch unzweifelhaft mit einer seinen Antrag motivirenden Rede beginnen und auch die Vota der Einzelnen mit billigenden oder tadelnden Bemerkungen begleiten durfte [3]), das ius sententiae dicendae über seinen eigenen Antrag und damit eine Befugniss besessen, welche seiner Stellung zum Senat ganz unangemessen war, und die überdies in vielen Angaben der Alten ihm deutlich genug abgesprochen wird. Wie streng nämlich die Rede des Referenten von den Gutachten der einzelnen Senatoren unterschieden wurde, zeigen unter andern die Worte des Cicero Phil. V, 1: *Atque ut oratio consulum animum meum erexit - -: sic me perturbasset eius sententia qui primus rogatus est,* ferner die des Consuls Plautius bei Liv. VIII, 20. *Equidem, etsi meae partes exquirendae magis sententiae quam dandae sunt, tamen - - - quam minimum irarum inter nos illosque relinqui velim,* worauf es dann c. 21 wei-

---

3) Liv. XXXIX, 39: *Consul convocatis patribus, referre se ad eos dixit, quod nec iure ullo, nec exemplo tolerabili liberae civitati aedilis curulis designatus praeturam peteret, sibi, nisi quid aliud iis videretur, in animo esse, e lege comitia habere.* Cic. X Phil. 8: *Pansa praecepit oratione sua, quid decernere nos de Bruto, quid sentire oporteret.* — IX Phil. 4: *Ut vero Pansae consulis accessit cohortatio gravior, quam aures Ser. Sulpicii ferre didicissent, tum vero denique filium meque seduxit, atque ita locutus est, ut auctoritatem vestram vitae suae se diceret anteferre.* — Endlich der Anfang des bellum civile von Cäsar, und die ganze vierte Catilinarische Rede des Cicero, an deren Unächtheit auch gelehrtere Männer, als ich bin, nicht glauben wollen.

ter heisst: *In hanc sententiam maxime consul ipse inclinavit animos, identidem ad principes sententiarum consulares, uti exaudiri posset a pluribus, dicendo etc.*, endlich der Schluss einer Relation des Camillus bei Liv. VIII, 13: *Nostrum fuit efficere, ut omnium rerum vobis ad consulendum potestas esset; vestrum est decernere, quod optimum vobis reique publicae sit.*

Das ius sententiae im eigentlichen Sinne ist das Recht ein Votum abzugeben, das vom Referenten zur Abstimmung gebracht werden kann; und nur in diesem Sinne nehme ich es, wenn ich die Frage stelle, ob die Magistrate während der Dauer ihres Amtes dasselbe besessen oder nicht besessen haben. Aber selbst so ist die Frage noch nicht hinlänglich genau gefasst. Das ius sententiae ist ein bleibendes Recht, und wer es erworben hat, besitzt es auf Lebenszeit, wofern er nicht desselben verlustig wird durch die Nota eines Censors oder durch Verurtheilung wegen eines infamirenden Verbrechens. Wohl zu unterscheiden ist aber der Besitz eines Rechts von der Möglichkeit es geltend zu machen; denn diese hängt immer von Bedingungen ab, welche nicht immer vorhanden zu sein brauchen. Ein Senator hat das ius sententiae, er kann es aber nur ausüben, wenn er in Rom sich aufhält; verreiste er, so würde das Recht ihm auch bleiben, die Ausübung wäre aber suspendirt, bis die Bedingung wieder erfüllt würde, unter der sie allein möglich war. Gesetzt nun es erwiese sich als begründet, dass die Magistrate nie ein Votum abgegeben haben, und gesetzt ein Mann, der vorher sei es als Senator, sei es als stimmberechtigter Beisitzer das ius sententiae besessen hatte, wäre Magistrat geworden; so würde dieser sich keineswegs seines Rechts begeben, wohl aber auf die Ausübung desselben für die Zeit seiner Amtsführung verzichtet haben, weil er freiwillig die Bedingungen nicht erfüllt, woran diese geknüpft war. Nicht also ob die Magistrate das ius sententiae besessen oder nicht besessen, sondern ob sie dasselbe ausgeübt oder nicht ausgeübt haben, ist die Frage, deren Beantwortung im Folgenden versucht werden soll.

Wir wenden uns zu diesem Behufe zu den drei oben angeführten alten Erklärungen zurück, obwohl wir wissen, dass sie nur vom Besitz des Rechts, nicht von der Ausübung desselben reden. Gesetzt nämlich sie schrieben einmüthig und unzweideutig dieses Recht allen Magistraten zu, so wäre es auch nicht zweifelhaft, dass dasselbe wirklich von diesen ausgeübt worden ist; denn unter den Magistraten waren wenigstens vor Sulla auch solche Leute, welche weder vor, noch nach dem Amtsjahre jenes Recht besassen, und ein Recht, das niemals geltend gemacht werden kann, hört auf ein Recht zu sein. Nun sind aber jene drei Erklärungen so weit entfernt dies Recht den Magistraten einstimmig zuzuschreiben, dass die Angabe des Gellius, indem sie nur von den gewesenen curulischen Magistraten handelt, die noch im Amte stehenden geradezu ausschliesst, die Worte des Valerius ferner die Sache ganz unentschieden lassen und nur die Stelle des Festus die noch im Amte stehenden Magistrate mit zur Klasse der stimmberechtigten Beisitzer des Senats zu rechnen scheint. Nur auf Festus könnte sich also eine bejahende Beantwortung unserer Frage gründen; eine Begründung, die selbst abgesehen von Gellius Widerspruch keineswegs als genügend erscheinen kann. Einmal nämlich kann die Erklärung des Festus füglich auch nur von den gewesenen Magistraten verstanden werden; zweitens aber bezieht sie sich, wie wir oben sahen, auf die Zeit nach Sulla, in welcher alle Magistrate nach der Verwaltung ihres Amtes das ius sententiae hatten, und also das Amt wirklich jenes Recht verlieh, obwohl es während der Dauer desselben nicht ausgeübt werden konnte [4]).

---

4) Ueberhaupt sind hier Festus Worte nicht bestimmt genug; denn wenn er sagt: *qui post lustrum conditum magistratum ceperunt,*

Es zeigt sich somit, dass jene drei Erklärungen die Frage eher verneinen als bejahen, und dass sie jedenfalls nicht hinreichen sie zu entscheiden. Die Entscheidung wird vielmehr davon abhängen, ob bei der im Senat Statt habenden mündlichen Abstimmung auch für die Magistrate eine angemessene Stelle zur Abgabe ihrer Vota ermittelt werden kann, und ob ihre sonstigen Geschäfte im Senat und ihre Stellung zu demselben mit einer Theilnahme an der Abstimmung vereinbar sind.

Bekanntlich wurden, wenn anders nicht eine blosse altercatio Statt fand [5]), d. h. eine Verhandlung ohne Motion, ähnlich den im Brittischen Oberhause sogenannten Conversationen, nach beendigter Relation die einzelnen Senatoren von dem Referenten aufgefordert ihre Meinung darüber auszusprechen; und zwar war eine bestimmte Ordnung festgesetzt, woran der Referent bei der Umfrage gebunden war. Man unterschied gewisse Klassen, von denen die eine immer der andern vorangehen sollte; zuerst sollten die *consulares* gefragt werden, dann folgten die *praetorii, aedilicii, tribunicii* und zuletzt die *quaestorii* [6]). Innerhalb dieser Klassen nun hatte die Willkühr des Referenten zwar freieren Spielraum; doch waren auch hier durch das Herkommen gewisse Regeln festgesetzt, die

---

in senatu sententiam dicunt, so müssten die während der Abhaltung des Census im Amte stehenden Magistrate von den Censoren bei der senatus lectio für gewöhnlich schon berücksichtigt worden sein, sei es nun dass sie aufgenommen oder übergangen worden sind. Dass dies aber nicht zu geschehen pflegte, zeigt Dio XXXVII, 46, und das Beispiel des Metellus, welcher Quästor war in demselben Jahre, wo ein Census gehalten wurde, und der doch weder in den Senat aufgenommen, noch bei der lectio übergangen worden ist (Liv. XXIV, 18).

5) Ein Beispiel von einem solchen Wortwechsel giebt Cic. ad Att. 1, 16. Zu vergleichen sind auch folgende Stellen: Brut. 24, ad Att. IV, 13, ad fam. 1, 2.

6) Es genüge als Beweis dieser bekannten Sache die Stelle des Gellius XIV, 7, 9, und die Aufzählung der Senatoren der Pompejanischen Partei in Cic. XIII. Phil. 14.

nicht ohne besondere Gründe übertreten wurden. So pflegte man in frühern Zeiten unter den Consularen zuerst den princeps senatus zu fragen, später irgend einen dieses Ranges und, wenn designirte Consuln vorhanden waren, diese⁷). Wurden also die designirten Consuln vor den Consularen gefragt, so fordert es die Analogie, dass auch alle übrigen designirten Magistrate vor allen Mitgliedern der ihrem künftigen Range entsprechenden höhern Ordnung ihr Votum abgegeben haben, und es fehlt auch nicht an Stellen, welche beweisen, dass dies wirklich der Gebrauch war. So stimmte im Process der Catilinarier Cäsar, welcher erwählter Prätor und folglich aedilicius war, praetorio loco und zwar vor den übrigen Prätoriern⁸), und ebenso werden ferner die erwählten Volkstribunen den Rang vor den tribuniciis behauptet haben, da die Mitglieder des sogenannten Antonianischen Senats in folgender Ordnung von Cicero (XIII Phil. 12) aufgezählt werden: 1 Consular, 2 Prätoren, 2 praetorii, mehrere aedilitii, 2 designirte Volkstribunen, mehrere tribunitii, 1 Quästor und ein Paar Andere, die keine Aemter bekleidet hatten.

Nach allem dem lassen sich nur zwei Stellen denken, an denen die fungirenden Magistrate um ihre Meinung könnten gefragt worden sein: entweder sie wurden sämmtlich vor allen übrigen Senatoren gefragt, oder sie wurden

---

7) Als Varros Ansicht führt Gellius XIV, 7, 9 an: *singulos autem deberi consuli gradatim incipique a consulari gradu; ex quo gradu semper quidem antea primum rogari solitum, qui princeps in senatum lectus esset: tum autem, cum haec scriberet, novum morem institutum refert per ambitionem gratiamque, ut is primus rogaretur, quem rogare vellet qui haberet senatum, dum is tamen ex gradu consulari esset.* — Cic. Phil. V, 13. *Sed qui ordo in sententiis rogandis servari solet, eundem tenebo in viris fortibus honorandis. A Bruto igitur, consule designato, more maiorum capiamus exordium.* Die consules designati werden daher geradezu zu den Consularen gerechnet, obgleich sie eigentlich nur praetorii waren. S. Cic. ad Qu. fr. II, 1.

8) Cic. ad Att. XII, 21.

es ein jeder an der Spitze der seinem Range entsprechenden Ordnung; denn in der Mitte dieser Ordnungen, was allein noch übrig bleibt, können sie nicht ihre Stimmen abgegeben haben, weil sie dann den designatis nachgestanden hätten. Betrachten wir nun diese beiden Möglichkeiten näher.

Zunächst lässt sich die erste Voraussetzung, dass alle Magistrate vor allen übrigen Senatoren gestimmt hätten, mit leichter Mühe als unhaltbar nachweisen. Wie wichtig es bei der eigenthümlichen Form der Debatte war, zuerst zu stimmen, und wie hoher Werth deshalb von den Betheiligten darauf gelegt wurde, ist bekannt [9]; eben dies zeigt aber auch, dass der Ausdruck *zuerst gefragt werden* im absoluten Sinne zu fassen ist [10]. Nun wurde, wie oben gezeigt worden ist, immer einer von den Consularen oder ein designirter Consul zuerst gefragt; folglich können die dem Range nach unter den Consuln stehenden Magistrate nicht vorher gefragt worden sein.

Die zweite Voraussetzung ist schwieriger zu widerlegen; ja sie erscheint im Gegentheil als vollkommen begründet durch die oben erwähnte Aufzählung der Antonianischen Senatoren und durch folgende andere Stelle des Cicero (ad Qu. fr. II, 1): *Senatus fuit frequentior,*

---

[9] Cic. ad Att. 1, 13: *Primum scito primum me non esse rogatum sententiam, praepositumque esse nobis pacificatorem Allobrogum, idque admurmurante senatu nec me invito esse factum. Sum enim et ab observando homine perverso liber et ad dignitatem in republica retinendam contra illius voluntatem solutus, et ille secundus in dicendo locus habet auctoritatem paene principis et voluntatem non nimis devinctam beneficio consulis. Tertius est Catulus, quartus — si etiam hoc quaeris — Hortensius.* Man sieht recht wohl den Aerger, den Cicero über diese Zurücksetzung empfand, und den er seinem Freunde nicht gestehen will. Zu vergleichen sind auch Gell. IV, 10 und Suet. Caesar 21.

[10] App. bell. civ. II, 5: Ὁ μέλλων ὑπατεύσειν πρῶτος ἐσφέρει γνώμην, ὡς αὐτός, οἶμαι, πολλὰ τῶν κυρουμένων ἐργασόμενος καὶ ἐκ τοῦδε εὐβουλότερόν τε καὶ εὐλαβέςερον ἐνθυμησόμενος περὶ ἑκάςου.

quam putabamus esse posse mense Decembri sub dies festos. Consulares nos fuimus et duo consules designati, P. Servilius, M. Lucullus, Lepidus, Volcatius, Glabrio; praetores. Indessen da diese beiden Aufzählungen von Senatoren ganz wohl nur nach der Folge im Rang, nicht nach der Reihenfolge ihrer Sitze und der davon abhängenden Ordnung beim Abstimmen gemacht sein können, da es ferner von den Prätoren und Tribunen ausdrücklich berichtet wird, dass sie nicht in dieser Ordnung sassen [11]), da endlich die Magistrate, auch wenn sie so gesessen hätten, doch nicht das Stimmrecht wirklich ausgeübt zu haben brauchen; so kann diese Begründung nicht für ausreichend gelten [12]), und andere Gründe müssen die Sache entscheiden.

Im Jahre 696 wurde Cicero durch den Tribun P. Clodius unter Mitwirkung der Consuln Piso und Gabinius

---

11) Bei Gelegenheit der Trauer um Augustus sagt Dio Cassius 56, 31: Ἐκαθέζοντο οἱ μὲν πολλοί, ὥς που ἕκαστος εἰώθει, οἱ δ' ὑπατοι κάτω ἐν τοῖς βάθροις, ὁ μὲν τῷ τῶν στρατηγῶν, ὁ δὲ τῷ τῶν δημάρχων. Die Erklärer der Stelle des Tacitus Ann. IV, 8: *consules sede vulgari per speciem maestitiae sedentes honoris locique admonuit*, wollen auch die Stelle des Dio nur von einer Vertauschung der Sessel, nicht von einer Veränderung des Ortes verstehen. Indessen scheint das nicht annehmbar, weil der eine Consul einen Sessel der Prätoren einnahm und dieser auch eine sella curulis war, folglich eine Veränderung gar nicht Statt gefunden hätte. Uebrigens zeigen auch Stellen, wie Suet. Claud. 23: *de maiore negotio acturus, in curia medius inter consulum sellas tribunitio subsellio sedebat*, und Dio Cass. 43, 14: καὶ προσέτι ἐπὶ τοῦ ἀρχικοῦ δίφρου μετὰ τῶν ὑπάτων ἐν τῷ συνεδρίῳ καθίζειν, dass der Ort, wo die Sessel standen, wohl in Anschlag gebracht wurde. Ich für mein Theil glaube, dass sämmtliche Magistrate von allen übrigen Senatoren gesondert gesessen haben, vermag aber nicht einen Beweis dafür beizubringen, sondern muss mich darauf beschränken, auf die Analogie des Canusinischen Senats aufmerksam zu machen, dessen Mitglieder nach ihrer Rangordnung verzeichnet sind in der bekannten Inschrift bei Orelli no. 3721.

12) Etwas anderes war es mit den designirten Magistraten, denn bei diesen konnte nur der bessere Platz beim Abstimmen der Grund sein, sie auch dem Range nach den Mitgliedern der nächst höhern Ordnung vorangehen zu lassen.

aus Italien verbannt, und seine Freunde setzten alsbald Alles in Bewegung, um seine Rückkehr zu erwirken. Schon am 1. Juni desselben Jahres machte der Tribun L. Ninnius, in Abwesenheit des Clodius [13]), einen dahin gehenden Antrag im Senat, und veranlasste eine Verhandlung, die aber durch den Einspruch eines andern Tribunen erfolglos wurde. Von dieser Verhandlung heisst es in der Rede pro Sextio c. 31: *Decrevit senatus frequens de meo reditu Kal. Juniis, dissentiente nullo, referente L. Ninnio, cuius in mea causa nunquam fides virtusque contremuit. Intercessit Ligus iste nescio qui, additamentum inimicorum meorum.* Ist es nun ausgemacht, dass die Consuln gegen den Antrag waren, berechtigt ferner nichts zu der Annahme, dass die Consuln an diesem Tage nicht im Senat zugegen waren [14]), so können sie nicht um ihre Meinung befragt worden sein und müssen folglich das ius sententiae dicendae entbehrt haben.

Wiederum kam Ciceros Sache zur Verhandlung, als am 29. October acht Tribunen gemeinschaftlich eine Rogation über seine Herstellung bekannt machten. Cicero selbst berichtet darüber in der eben erwähnten Rede c. 32: *Hoc igitur anno, magistratibus novis designatis, cum omnes boni omnem spem melioris status in eorum fidem convertissent; princeps P. Lentulus auctoritate ac sententia sua, Pisone et Gabinio repugnantibus, causam suscepit, tribunisque plebis octo referentibus, praestantissimam de me sententiam dixit.* Die Consuln waren also unzweifelhaft im Senat zugegen und äusserten auch ihre Ansicht; ein Votum aber im eigentlichen Sinne gaben sie nicht ab.

Das Jahr 697 begann unter günstigen Vorbedeutungen für Cicero. Sieben Prätoren und acht Volkstribunen

---

13) Dio XXXVIII, 30.

14) Dass die Consuln, auch wenn die Tribunen referirten, im Senat gegenwärtig waren, zeigt Cic. de orat. III, 1 und die gleich folgende Stelle aus der Rede pro Sextio 32.

hatten sich für ihn erklärt, und von den Consuln schien Metellus Nepos jetzt versöhnt zu sein, Lentulus Spinther aber hatte Ciceros Sache entschieden zur seinigen gemacht. In der That beantragte dieser auch gleich am Tage seines Amtsantritts Ciceros Herstellung im Senat, und sein College hinderte die Relation nicht, wahrscheinlich weil er sicher war, dass die Beschlussnahme an dem Einspruch eines Tribunen scheitern würde [15]). Wäre nun unsere Voraussetzung richtig, so hätte Lentulus zuerst seinen Collegen um seine Meinung fragen müssen; statt dessen stimmte aber zuerst L. Cotta und dann Pompejus [16]), und nirgends ist die Rede von einem Votum des Metellus, ebensowenig als von einem des Prätors Appius, obgleich dieser noch später sich Ciceros Herstellung auf jede Weise widersetzte [17]).

15) Ganz so, wie ich das Verhältniss dargestellt habe, zeigt es sich in folgenden Stellen: pro Sextio 33: *Veniunt Kal. Januariae ----: quae tum frequentia senatus ----, quae virtus, actio, gravitas P. Lentuli consulis fuerit, quae etiam collegae eius moderatio de me, qui, cum inimicitias sibi mecum ex reipublicae dissensione susceptas esse dixisset, eas se patribus conscriptis dixit et temporibus reipublicae permissurum;* — ferner in Pis. 15: *Me Kal. Januariis ---- frequentissimus senatus, concursu Italiae, referente clarissimo atque fortissimo viro, P. Lentulo, consentiente populo Romano, atque una voce revocavit;* — endlich post red. ad Quir. 6: *Hoc duce, collega autem eius -- primo non adversante, post etiam adiuvante, reliqui magistratus paene omnes fuerunt defensores salutis meae.* Freilich kommen nun auch einige Stellen vor, nach denen es scheinen könnte, als hätten beide Consuln gemeinschaftlich referirt. Indessen pro domo 27 und pro Sextio 62 beziehen sich auf spätere Senatsverhandlungen über denselben Gegenstand; und die Stelle post red. ad Quir. 4 ist verderbt, und würde auch nicht viel beweisen, da man, wenn der eine Consul referirte und der andere seine Zustimmung gab, wohl sagen konnte, beide hätten referirt, nicht aber, wenn beide referirten, es hätte dieses nur einer gethan.

16) Cic. pro Sext. 34.

17) Am 25. Januar brachte der Tribun Q. Fabricius eine Rogation über Cicero an das Volk, aber mit schlechtem Erfolg, denn nach einem blutigen Gefecht musste er vor Clodius Banden den Markt räumen. Davon heisst es pro Sext. 36: *Victa est causa reipublicae*

Noch über ein halbes Jahr wusste Clodius die Zurückberufung Cicero's hinzuhalten; dann aber am 4. Sextilis kam der entscheidende Volksbeschluss zu Stande. Senat und Volk hatten damit Cicero für unschuldig und mithin auch die Einziehung seiner Güter für nichtig erklärt. Aber Clodius hatte einen Theil des Platzes, worauf Cicero's Haus gestanden hatte, um dessen Wiederaufbau ganz unmöglich zu machen, der Göttin Libertas geweiht, und dies Hinderniss konnte nur von den Pontifen beseitigt werden. Cicero sprach demnach am 30. September vor diesem Priestercollegium und erlangte einen günstigen Ausspruch. Dessenungeachtet gab sich Clodius nicht zufrieden. *Subito ille*, schreibt Cicero dem Atticus (I·V, 2), *in contionem ascendit, quam Appius ei dedit. Nuntiat inani populo pontifices secundum se decrevisse, me autem vi conari in possessionem venire; hortatur ut se et Appium sequantur et suam Libertatem ut defendant. - - - - Kal. Octobr. habetur senatus frequens. Adhibentur omnes pontifices, qui erant senatores, a quibus Marcellinus, qui erat cupidissimus mei, sententiam primus rogatus, quaesivit, quid essent in decernendo secuti. Tum M. Lucullus de omnium collegarum sententia respondit religionis iudices pontifices fuisse, legis senatum; se et collegas suos de religione statuisse, in senatu de lege statuturos. Quisque horum, loco sententiam rogatus, multa secundum causam nostram disputavit. Cum ad Clodium ventum est, cupiit diem consumere, neque ei finis est factus; sed tamen, cum horas tres fere dixisset, odio et strepitu senatus coactus est aliquando perorare. Cum fieret senatus consultum in sententiam Marcellini, omnibus praeter unum assentientibus, Serranus intercessit.* Gegen den Senatsbeschluss stimmte also nur

---

et victa non auspiciis, non intercessione, non suffragiis, sed vi, manu, ferro. Nam si obnuntiasset Fabricio is praetor, qui se servasse de coelo dixerat, accepisset republica plagam, sed eam, quam acceptam gemere posset.

Clodius, nicht aber der Prätor Appius; und doch hätte auch dieser, wenn er überhaupt dazu berechtigt gewesen wäre, nicht wohl anders stimmen können, da er sich den Tag vorher so eifrig für seinen Bruder verwendet hatte.

Sein Eigenthum war dem Cicero wieder zugesprochen, eine Entschädigung gewährt und der Hausbau hatte begonnen. Da griff am 3. November Clodius die Arbeiter an, vertrieb sie und zerstörte den Bau. Bald darauf wurde Cicero selbst in der heiligen Strasse überfallen, ein Sturm auf Milo's Haus versucht, und eine Menge von Frevelthaten von den Banden des Clodius verübt. Diesen Unbilden zu steuern und ihrem Urheber die verdiente Strafe zu sichern, der er durch seine Bewerbung um die Aedilität zu entgehen gedachte, wurde am 14. Nov. eine Senatsversammlung gehalten. *Exin senatus postridie Idus*, schreibt Cicero an den Atticus IV, 3, *domi Clodius, egregius Marcellinus, omnes acres. Metellus calumnia dicendi tempus exemit, adiuvante Appio. Sestius furere. - - - - Proposita Marcellini sententia, quam ille de scripto dixerat*. Es sprachen also ein Consul, ein Prätor und ein Tribun; aber erst der designirte Consul Marcellinus gab ein Votum ab, über welches abgestimmt werden konnte.

Indessen hatten Milo's Fechter die Wahl des Clodius glücklich bis zum December hingehalten, und jetzt kam sie zum zweiten Mal im Senat zur Verhandlung. In Abwesenheit der Consuln hatte der neue Tribun Lupus den Senat berufen, um ihn über Cäsar's Ackergesetz zu befragen; nach der schnellen Erledigung dieses Gegenstandes aber brachte ein anderer Tribun Racilius die Sache des Clodius zur Sprache, und veranlasste damit eine Verhandlung, über deren Verlauf Cicero seinem Bruder Quintus (II, 1) folgendes berichtet. *Racilius surrexit et de iudiciis referre coepit. Marcellinum quidem primum rogavit. Is cum graviter de Clodianis incendiis, trucidationibus, lapidationibus questus esset, sententiam dixit ut ipse iudices per praetorem urbanum sortiretur; iudicum sortitione facta, comitia haberentur; qui iudicia impedisset, eum contra rempublicam esse facturum. Approbata valde sententia, C. Cato contra dixit et Cassius, maxima acclamatione senatus, cum comitia iudiciis anteferret. Philippus assensit Lentulo. Postea Racilius de privatis me primum sententiam rogavit. Multa feci verba de toto furore latrocinioque P. Clodii; tamquam reum accusavi, multis et secundis admurmurationibus cuncti senatus. Orationem meam collaudavit satis multis verbis, non mehercule indiserte, Vetus Antistius, isque iudiciorum causam suscepit antiquissimamque se habiturum dixit. Ibatur in eam sententiam. Tum Clodius rogatus diem dicendo eximere coepit. Furebat a Racilio se contumaciter urbaneque vexatum. Deinde eius operae repente a Graecostasi et gradibus clamorem satis magnum sustulerunt, opinor in Q. Sextilium et amicos Milonis incitatae. Eo metu iniecto, repente magna querimonia omnium discessimus.* Nach diesem Berichte gaben ihre Meinungen nach einander ab der eine consul designatus, zwei Tribunen, der andere consul designatus, der erste Consular Cicero, ein dritter Tribun und zuletzt der tribunicius Clodius. Es fand also eine Reihenfolge bei der Meinungsäusserung Statt, die mit keiner Ansicht von der bei der Abstimmung befolgten Ordnung zu vereinen ist, und die überhaupt jede Regelmässigkeit bei derselben ausschliesst. Nach unserer zweiten Voraussetzung, die allein übrig geblieben war, hätten die Tribunen sämmtlich ihre Stimmen unmittelbar vor Clodius abgeben müssen; statt dessen sprechen hier zwei zwischen den erwählten Consuln und ein dritter unmittelbar nach dem zuerst gefragten Consular. Hierzu kommt, dass von jedem der Senatoren, die nicht Magistrate waren, nicht aber von den Tribunen, ausdrücklich berichtet wird: *rogatus sententiam dixit*, und dass nur bei den Ansichten dieser von einer Beitrittserklärung anderer

Senatoren die Rede ist. Gingen also alle wesentlichen Merkmale eines im Senat abgegebenen Votums den Meinungsäusserungen der Tribunen ab, so können sie unmöglich als solche betrachtet werden, und es wird sehr wahrscheinlich, dass die Tribunen sämmtlich ein Votum nicht abgegeben haben. Denn, wäre dies geschehen, so würden die Tribunen C. Cato und Cassius, als an sie die Reihe kam, nicht ermangelt haben, für Clodius zu stimmen, und dann hätte es von Cicero's Gutachten nicht heissen können: *ibatur in eam sententiam*. Nicht blos von den Tribunen aber erhellt dies aus dieser lehrreichen Stelle; auch die Prätoren können ein Gutachten im eigentlichen Sinne nicht abgegeben haben. Der Prätor Appius Claudius, der Bruder des Clodius, war mit den übrigen Prätoren in der Sitzung zugegen; denn am Anfang des Briefs sagt Cicero: *Senatus fuit frequentior quam putabamus esse posse mense Decembri sub dies festos. Consulares nos fuimus et duo consules designati, P. Servilius, M. Lucullus, Lepidus, Volcatius, Glabrio; praetores.* Derselbe Appius hatte in der früher über eben diesen Gegenstand gehaltenen Sitzung und auch sonst für seinen Bruder aufs eifrigste gewirkt; sein Gutachten musste also nothwendig zu Gunsten des Clodius ausfallen, und er wird auch diesem einzigen Mittel, seinem Bruder im Senat nützlich zu sein, freiwillig gewiss nicht entsagt haben. Dennoch wird eines Gutachtens von ihm mit keiner Silbe gedacht, vielmehr scheint der Senat bis auf die beiden Tribunen und Clodius selbst, einstimmig gegen den letztern gewesen zu sein; der Prätor Appius muss folglich das Stimmrecht entbehrt haben.

Nach mehrjährigen Anstrengungen war die aristokratische Partei im Jahre 705 endlich so weit gekommen, dass sie hoffen konnte, mit einer Kriegserklärung gegen Cäsar durchzudringen. Gleich am 1. Januar referirten die Consuln C. Marcellus und L. Lentulus an den Senat über den Zustand des Reichs, und veranlassten damit die Verhandlung, welche den offenen Kampf zwischen Pompejus und Cäsar herbeiführte und deshalb von dem letztern am Anfang seiner Geschichte des Bürgerkriegs uns genauer als gewöhnlich überliefert worden ist. Zuerst wurde, weil Pompejus selbst nicht zugegen war, dessen Schwiegervater L. Scipio um seine Meinung gefragt, und dieser erklärte sich für den unverweilten Beginn der Feindseligkeiten. Indessen auch den Anhängern des Pompejus schien ein so übereiltes Verfahren bedenklich; der Consular M. Marcellus meinte, man müsse erst rüsten, ehe man zum Aeussersten schritte, und der Prätorier M. Calidius, dessen Meinung dann der gewesene Aedil M. Rufus beitrat, verlangte, Pompejus möge sich in seine Provinzen begeben, damit keine Ursache zum Kriege bleibe. Ihre Gutachten wurden aber vom Consul unbeachtet gelassen, und die Meinung des Scipio trotz des Einspruchs zweier Tribune zum Senatsbeschluss erhoben. Auch hier also wird kein Gutachten eines Magistrats erwähnt, obgleich der Censor Piso und der Prätor L. Roscius mit dem Beschluss nicht einverstanden sein konnten. Von einer wenige Tage nachher gehaltenen Senatsversammlung berichtet nämlich Cäsar bell. civ. I, 3: *Pollicetur L. Piso censor sese iturum ad Caesarem; item L. Roscius praetor, qui de his rebus eum doceant: sex dies ad eam rem conficiendam spatii postulant. Dicuntur etiam a nonnullis sententiae, ut legati ad Caesarem mittantur qui voluntatem senatus ei proponant.* Beide Männer waren also für den Aufschub der Feindseligkeiten und suchten ihre Ansicht durch zu setzen; auch jetzt aber nicht durch ein von ihnen abgegebenes Gutachten, denn deutlich werden in unserer Stelle die Gutachten einiger ihnen gleichgesinnter Senatoren unterschieden.

– Während des Mutinensischen Kriegs wurde dem Senat ein Schreiben mit allerlei Forderungen vom Plancus, dem Statthalter in Gallien, überbracht, und der städtische Prätor Cornutus, welcher in Abwesenheit der Consuln deren Amt in der Stadt versah, wurde aufgefordert darüber zu referiren. *Ille*, so berichtet Cicero dem Plancus ad fam. X, 16, *se considerare velle. Cum ei magnum convicium fieret cuncto a senatu, quinque tribuni plebi rettulerunt. Servilius rogatus rem distulit: ego eam sententiam dixi, cui sunt assensi ad unum.* Der Prätor stimmte also nicht dagegen; er würde es aber gethan haben, wenn er überhaupt gestimmt hätte; denn dass er nicht geneigt war, die Forderungen des Plancus zu bewilligen, erhellt schon aus seiner Verweigerung der Relation und noch mehr aus seinem Verfahren in einer frühern Sitzung, wovon wir durch Cicero ad fam. X, 12 unterrichtet sind.

Aus allen diesen Beispielen, welche leicht vermehrt werden könnten, erhellt, wie ich glaube, genugsam, dass wenigstens die Consuln, die Prätoren und die Volkstribunen das ius sententiae in senatu dicendae nicht ausgeübt haben. Die Analogie würde es also rechtfertigen, wenn wir dasselbe auch von den niedern Magistraten behaupteten. Indessen stossen wir dabei doch auf ein nicht unerhebliches Bedenken. Bei jenen Magistraten findet sich nämlich leicht ein Grund, der ihre Nicht-Theilnahme an der Abstimmung erklärlich macht, und dieser Grund findet keine Anwendung auf die niedern Magistrate.

Es liegt in der Natur der Sache, dass der jedesmalige Referent nicht an der Abstimmung Theil nimmt, denn derjenige, welcher den Senat um Rath fragt, (*qui consulit senatum*) kann sich nicht selbst antworten. Es ist aber auch einleuchtend, dass dasselbe von dem gilt, welcher zwar nicht referirt, wohl aber das ius referendi besitzt; denn in diesem Rechte hat er ein weit besseres Mittel, seine Ansicht zur Geltung zu bringen, als wenn es ihm freistünde ein Gutachten abzugeben. Indem er nämlich jederzeit seine eigne Ansicht in einer motivirten Relation dem Senat vorlegen konnte, indem es ihm ferner, wenn er referirte, freistand, ein beliebiges Votum zuerst [18]) und andere gar nicht [19]) zur Abstimmung zu bringen, indem er endlich, wenn ein anderer referirte, einem von diesem unterdrückten Gutachten dadurch Beachtung verschaffen konnte, dass er sich bereit erklärte, darüber selbst zu referiren [20]); so war er offenbar vor dem im Vortheil, der nur ein Gutachten über einen bestimmten Antrag abgeben durfte, denn ihn hinderte nur eine offene Intercession, und zu intercediren war offenbar misslicher als ein Votum zu unterdrücken. Hat nun endlich gar jemand das ius intercedendi, so scheint eine Theilnahme an der Abstimmung von seiner Seite vollends überflüssig zu sein, denn es steht ihm ja frei, jeden missliebigen Beschluss ganz zu unterdrücken. Nicht nur leicht erklärlich ist es also, dass die Magistrate, welche diese beiden Rechte oder eins davon besassen, nicht mit abstimmten; es würde sogar auffallend sein, wenn sie es gethan hätten.

Ueber das ius referendi sind folgende zwei die

---

18) Cic. ad fam. X, 12: *Servilius cum gratia effecisset ut sua sententia prima pronuntiaretur, frequens eum senatus reliquit et in alia omnia discessit; meaeque sententiae, quae secunda pronuntiata erat, cum frequenter assentiretur senatus, rogatu Servilii P. Titius intercessit.*

19) Caes. bell. civ. I, 2: *Lentulus sententiam Calidii pronunciaturum se omnino negavit.* — Cic. XIV Phil. 8: *Has in sententias meas si consules designati discessionem facere voluissent - - - - . Semel et saepius sententiam meam de numero sententiarum sustulerunt.* — Plin. ep. IV, 9: *Fuit et tertia sententia. - - - Sed hanc sententiam consules, quamquam maximae parti senatus mire probatur, non sunt persecuti.*

20) Cic. ad fam. I, 1: *Bibulus tres legatos (censet) ex iis qui privati sunt. Huic assentiuntur reliqui consulares praeter Servilium, qui omnino reduci negat oportere, et Volcatium qui Lupo ((trib. pl.) referente Pompeio decernit.* Zu vergleichen ist auch die oben angeführte Stelle aus Cic. ad fam. X, 16.

Hauptstellen: Cic. de legg. III, 4: *Cum populo patribusque agendi ius esto consuli, praetori, magistro populi equitumque, eique quem produnt patres consulum rogandorum ergo, tribunisque quos sibi plebes rogassit ius esto cum patribus agendi;* — und Varro bei Gell. XIV, 7: *Primum ibi ponit, qui fuerint per quos more maiorum senatus haberi soleret, eosque nominat: dictatores, consules, praetores, tribunos plebi, interregem, praefectum urbi; neque alii praeter hos ius fuisse dixit facere senatusconsultum, quotiensque usus venisset ut omnes isti magistratus eodem tempore Romae essent, tum quo supra ordine scripti essent, qui eorum prior aliis esset, ei potissimum senatus consulendi ius fuisse.* Nach diesen Stellen ist es unzweifelhaft, dass von den ordentlichen Magistraten den Consuln und den Tribunen das ius referendi zustand, und nur bei den Prätoren könnte man Bedenken tragen, ob auch ihnen jenes Recht unbedingt zuzuschreiben sei. Vergleicht man nämlich den Schluss der Varronischen Stelle mit folgenden Worten des Cicero ad fam. X, 12: *Placuit nobis ut statim ad Cornutum praetorem urbanum literas deferremus, qui, quod consules aberant, consulare munus sustinebat more maiorum;* so kann man wohl auf den Gedanken kommen, dass nur in Abwesenheit der Consuln die Prätoren den Senat berufen und in demselben Vortrag halten durften, und wirklich haben auch die Gelehrten, deren Ansicht über diesen Gegenstand ich kenne, die Sache so aufgefasst [21]). Indessen weder die Stelle des Cicero, noch die des Varro, in welcher das hinzugefügte *potissimum* nicht zu übersehen ist, spricht den Prätoren das Recht völlig ab. Im Gegentheil beweist die letztere, in-

---

21) Zamoscius de senatu Rom. in Grävius Thesaurus I, p. 991. — Kolster, über die parlamentarischen Formen im römischen Senat, in der Zeitschr. für Alterthumswissenschaft, Jahrgang 1842, p. 413. — Göttling römische Staatsverfassung, p. 348. — Becker, römische Alterthümer. Bd. II, Abth. 2, p. 403.

dem sie die Prätoren ganz gleich den Tribunen stellt, welche unzweifelhaft auch in Anwesenheit der Consuln den Senat beriefen, dass den Prätoren auch in diesem Falle ihr Recht unverkürzt blieb, wenn es auch, wie es in der Natur der Sache lag, dann nur sehr selten ausgeübt werden konnte. Eben das und nichts weiter besagt die Klage der Prätoren bei Dio Cassius LV, 3: Οἱ στρατηγοὶ ἀγανακτήσαντες, ὅτι μηδεμίαν γνώμην, καίτοι τῶν δημάρχων προτετιμημένοι, ἐς τὴν βουλὴν ἐσέφερον, παρὰ μὲν τοῦ Αὐγούστου ἔλαβον αὐτὸ ποιεῖν, ὑπὸ δὲ δὴ τοῦ χρόνου ἀφῃρέθησαν. War nämlich jeder Magistrat, der eine gleiche oder höhere Gewalt als der Referent besass, befugt, gegen dessen Relation Einspruch zu thun, so konnten die Prätoren wider den Willen der Consuln unmöglich einen Antrag stellen, und es musste, seit es Sitte wurde dass die Consuln während der Dauer ihrer Amtsführung in Rom blieben, das Recht der Prätoren bald in Vergessenheit gerathen. Damit soll aber nicht gesagt sein, dass die Befugniss der Prätoren ganz und gar nur ein Schein gewesen, und dass sie niemals von ihnen geltend gemacht worden wäre. Es ist etwas anderes gegen einen Antrag Einspruch thun und einen Antrag nicht selbst stellen wollen. Die Consuln konnten recht wohl nicht geneigt sein eine Sache selbst in Anregung zu bringen, und doch Bedenken tragen es zu verhindern, wenn sie von einem Prätor zur Sprache gebracht wurde. Deshalb finden sich auch zu allen Zeiten Beispiele, dass die Prätoren etwas im Senat beantragten, oder doch es wollten, auch wenn die Consuln in der Stadt anwesend waren. Folgende Stellen werden zur Bekräftigung dieser Behauptung genügen. Liv. XXXIII, 21: *Decreverunt patres, ut comitiis praetorum perfectis, cui praetori provincia Hispania evenisset, is primo quoque tempore de bello Hispaniae ad senatum referret.* — Liv. XLII, 21: *Ex eo plebiscito C. Licinius praetor consuluit senatum, quem quaerere ea rogatione vel-*

let. Patres ipsum eum quaerere iusserunt. Tum demum consules in provinciam profecti sunt. — Liv. XLV, 21: *Sed et praetor novo maloque exemplo rem ingressus erat, quod ante non consulto senatu, non consulibus certioribus factis, de sua unius sententia rogationem ferret.* — Cic. pro lege Manil. c. 19 sagt von sich, als er Prätor war: *De quo* (Gabinio) *legando spero consules ad senatum relaturos, qui si dubitabunt aut gravabuntur, ego me profiteor relaturum; neque me impediet cuiusquam, Quirites, inimicum edictum, quominus fretus vobis vestrum ius beneficiumque defendam, neque praeter intercessionem quidquam audiam, de qua* (ut arbitror) *isti ipsi, qui minantur, etiam atque etiam quid liceat considerabunt.* — Endlich Cic. ad Att. III, 15: *Ast tute scripsisti ad me, quoddam caput legis Clodium in curiae poste fixisse: ne referri neve dici liceret. Quomodo igitur Domitius* (praetor) *se dixit relaturum?* Es hat sich also ergeben, dass das ius referendi denselben Magistraten zukam, welchen wir oben das ius sententiae dicendae abgesprochen haben [22]). Sehen wir jetzt, ob dasselbe auch bei dem zweiten jener Rechte der Fall ist.

Dass **ius intercedendi** ist eine Befugniss, welche unter gewissen Beschränkungen allen Magistraten zukam, und bei allen Amtshandlungen eines andern anwendbar war. Sie konnte aber nur dann ausgeübt werden, wenn die Gewalt des intercedirenden Magistrats grösser, oder

---

22) Man könnte, wenn man nur die Worte des Varro beachtete, leicht in Ungewissheit sein, ob nicht auch andern, als den von ihm genannten Magistraten, das ius referendi zugestanden habe, denn eigentlich spricht er vom ius convocandi senatus, nicht vom ius referendi. Indessen eine nähere Betrachtung zeigt bald, dass beide Rechte unzertrennlich waren. Wer das ius convocandi hat, muss auch das ius referendi haben, denn sonst könnte der Senat zusammenkommen und kein Antrag vorliegen, über den verhandelt würde; wer aber das letztere Recht besass, kann auch das erstere nicht entbehrt haben, denn Varro setzt hinzu: *neque alii praeter hos ius fuisse dixit facere senatusconsultum.*

doch nicht geringer war, als die Gewalt dessen, gegen den die Intercession gerichtet war. Dieser Grundsatz galt, wie überall, auch bei den Intercessionen gegen Senatsbeschlüsse; denn ganz damit übereinstimmend sagt Varro bei Gellius XIV, 7, *intercedendi ne senatusconsultum fieret ius fuisse iis solis, qui eadem potestate, qua ii qui senatusconsultum facere vellent, maioreve essent.* Nun konnten Senatsverhandlungen nur von den Consuln, Prätoren und Tribunen veranlasst werden; es konnte also auch das *ius intercedendi senatusconsultis* nur diesen Magistraten zukommen, denn alle übrigen hatten eine geringere Gewalt. Demnach war zur Intercession befugt der eine Consul gegen den andern, jeder Consul gegen die Prätoren, und jeder Prätor gegen seine Collegen. Nur das Intercessionsrecht der Tribunen, das gegen alle Magistrate geltend gemacht werden konnte, muss auf einem andern Grunde beruht haben. Man kann nicht sagen, sie hätten gleiche Gewalt mit den Consuln gehabt und darum gegen die Handlungen dieser Einspruch thun dürfen, denn dann hätten auch die Consuln umgekehrt dies Recht gegen sie gehabt, was nicht der Fall war. Sie waren vielmehr Vertreter des souverainen Volks, oder, um Göttlings Ausdruck zu gebrauchen, eine zweite Kammer gegenüber dem Senat, bestimmt die Interessen der Plebs gegen die Uebergriffe der verwaltenden Behörden zu wahren. Als solche konnten sie weder an die Auctorität des Senats [23], noch an die Befehle der Magistrate [24] gebunden sein;

---

23) Polyb. VI, 16: Ἐὰν εἰς ἐνίςηται τῶν δημάρχων, οὐχ οἷον ἐπὶ τέλος ἄγειν τι δύναται τῶν διαβουλίων ἡ σύγκλητος, ἀλλ' οὐδὲ συνεδρεύειν ἢ συμπορεύεσθαι τὸ παράπαν. Ὀφείλουσι δὲ ἀεὶ ποιεῖν οἱ δήμαρχοι τὸ δοκοῦν τῷ δήμῳ, καὶ μάλιςα στοχάζεσθαι τῆς τούτου βουλήσεως.

24) Cic. de legg. III, 7: Nam illud quidem ipsum, quod in iure positum est, habet consul, ut ei reliqui magistratus omnes pareant, excepto tribuno. — Polyb. VI, 12: Οἱ ἄρχοντες οἱ λοιποὶ πάντες ὑποτάττονται καὶ πειθαρχοῦσι τούτοις πλὴν τῶν δημάρχων.

sie standen folglich gewissermassen über diesen, so lange ihre Gewalt eine negative blieb, positiv anordnend konnte sie aber nur werden, wenn sie einen Beschluss des Souverains selbst veranlasste.

Wir haben aus dem Vorstehenden gesehen, dass von den Consuln, Prätoren und Tribunen das ius sententiae dicendae nicht ausgeübt worden ist. Zugleich haben wir aber auch gestehen müssen, dass aus diesem Umstande ein hinlänglich begründeter Schluss auf die Berechtigung der niedern Magistrate nicht gezogen werden kann. Ob also dasselbe auch von den Aedilen und Quästoren zu behaupten ist, oder nicht, müssen andere Gründe jetzt entscheiden.

Zuvörderst versteht es sich von selbst, dass ein Beispiel eines von einem Magistrat abgegebenen Votums nicht vorkommen darf, und dass die Stellen, die etwa so gedeutet werden könnten, vor allen Dingen geprüft werden müssen. Ich kenne deren nur zwei; denn die Worte des Cicero aus der Rede in Pis. c. 15: *legem comitiis centuriatis tulit P. Lentulus consul de collegae Q. Metelli sententia*, welche Kolster für diesen Zweck geltend macht, bedürfen schwerlich für irgend jemanden einer rechtfertigenden Erklärung. Die erste jener Stellen findet sich in der Rede pro Sext. c. 32, und lautet so: (Piso et Gabinius coss.) *cum in senatu privatim ut de me sententias dicerent flagitabantur, legem illi se Clodiam timere dicebant*. Bekanntlich hatte Clodius im Einverständniss mit den Consuln, dem Gesetz, welches Ciceros Verbannung herbeiführte, die Clausel beigefügt: *ne quis ad senatum referret, ne quis decerneret, ne disputaret, ne loqueretur, ne pedibus iret, ne scribendo adesset* [25]). Dies war also das Gesetz, welches die Consuln zu fürchten vorgaben,

---

25) Cic. post red. in sen. c. 4.

als man ein Gutachten von ihnen in Ciceros Angelegenheit begehrte; und hierin liegt nichts Auffallendes. Schwieriger ist es aber den Grund anzugeben, der den Senat veranlasste, gerade diese Forderung an die Consuln zu richten. War etwa ihre Ansicht über diese Sache zweifelhaft? Keineswegs, denn sie hatten sie durch Wort und That deutlich genug zu erkennen gegeben. Oder wünschte man zwei gewichtige Stimmen für Cicero zu gewinnen? Schwerlich; denn ein günstiges Ergebniss der Abstimmung war auch ohnedem vollkommen gesichert; auch liegt es gar nicht in den Worten, denn nur ein Gutachten forderte man, wie es auch ausfallen mochte. Oder wollte man endlich sich durch den Vorgang der Consuln vor der im Gesetz angedrohten Strafe sichern, wenn man selbst nachher für Cicero stimmte? Auch das nicht; denn die Senatoren hatten sich bereits, als der Tribun Ninnius referirte, sämmtlich für Cicero erklärt und damit offen dem Gesetze Trotz geboten. Was man also mit dieser Forderung beabsichtigte, kann ich durchaus nicht einsehen; auch ist es mir gänzlich unverständlich, wie man von jemandem ein Gutachten fordern konnte, wenn noch gar nicht referirt war. Offenbar konnte der Wunsch des Senats nur der sein, dass die Consuln über die Sache referirten; und so heisst es auch, wo anderwärts davon die Rede ist, z. B. Cic. in Pis. c. 13: *An tum eratis consules, cum, quacunque de re verba facere coeperatis aut referre ad senatum, cunctus ordo reclamabat ostendebatque, nihil esse vos acturos, nisi prius de me retulissetis?* ferner ad Att. III, 15: *Quomodo iis, quos tu scribis, et de re dicentibus et ut referretur postulantibus Clodius tacuit?* endlich unmittelbar vor der in Rede stehenden Stelle: *omnia senatus reiiciebat, nisi de me primum consules retulissent.* Es ist also nur noch nachzuweisen, wie der Sinn, den die Forderung des Senats nothwendig haben muss, in Cicero's Worten liegen kann. Wolf und Schütz haben kein Bedenken getragen, die Worte geradezu zu ändern: der erstere will *ut sententias dicere liceret*, der andere *ut sententias rogarent*. Indessen ziehe ich doch diesem Auskunftsmittel die Erklärung Ernesti's vor, so gezwungen sie auch auf den ersten Anblick erscheinen mag. Nach dieser Erklärung ist *dicerent* auf die Fordernden zu beziehen, und der Sinn der ganzen Stelle also folgender: die Senatoren forderten von den Consuln, dass man (die Senatoren) über Cicero abstimmte, d. h. da eine Abstimmung nur nach vorhergegangener Relation möglich war, dass die Consuln über Cicero's Zurückberufung referirten. Mag aber auch diese Erklärung richtig sein oder nicht, jedenfalls glaube ich bewiesen zu haben, dass an ein Abgeben des Votums von Seiten der Consuln hier nicht zu denken ist.

Ich komme nun zu der zweiten Stelle, die gegen meine Ansicht geltend gemacht werden könnte. Der erwählte curulische Aedil Cicero zählt in der Rede gegen den Verres, im 14ten Cap. des 5ten Buches, die Geschäfte auf, die ihm sein Amt auferlegen werde, und führt dann als die ihm für diese Mühwaltung werdende Entschädigung folgendes an: (Habeo rationem) *ob earum rerum laborem et sollicitudinem fructus illos datos, antiquiorem in senatu sententiae dicendae locum, togam praetextam, sellam curulem, ius imaginis ad memoriam posteritatemque prodendae*. Cicero erhielt also durch sein Amt das *ius sententiae antiquiore loco dicendae*, folglich wird er auch während desselben ein Gutachten abzugeben befugt gewesen sein. So kann man versucht sein zu schliessen, wenn man nicht bedenkt, dass dann auch folgender Schluss so übel nicht wäre: Cicero erhielt mit seinem Amte das *ius imaginis ad posteritatem prodendae*, folglich muss er sich am Tage seines Amtsantritts erstochen haben. Ganz abgesehen davon, dass Cicero, wie wir oben sahen, jenen höheren Platz schon als aedilis designatus einzunehmen berechtigt war, konnte er doch dieses neue Recht ganz füglich seiner Wahl verdanken, auch wenn er es während der Zeit seiner Amtsführung nicht ausübte; ebensogut als ein consul designatus dasselbe von sich sagen konnte, obgleich er während des Consulats gewiss nicht stimmte.

Die beiden zweifelhaften Stellen sind erledigt, und andere finden sich nicht, so weit wenigstens meine Kenntniss der Quellen reicht. Dennoch scheint es nicht räthlich zu sein, auf diesen Grund hin den niedern Magistraten das ius sententiae dicendae abzusprechen; denn sicherlich war nur selten Veranlassung, ein von ihnen abgegebenes Votum zu erwähnen, und ein Fall, wo ein solches hätte erwähnt werden müssen und nicht erwähnt wird, kommt nirgends vor. Noch immer also sind wir, was sie betrifft, den Beweis für unsere Annahme schuldig.

Unter den vielen Rathschlägen, welche Dio Cassius den Mäcenas in der bekannten Rede dem Augustus ertheilen lässt, war auch der: Augustus möchte die Bestrafung aller infamirenden Verbrechen, welche ein Senator, die Frau oder das Kind eines solchen begangen hätten, dem Senat überweisen, für solche Fälle aber eine neue Berathungs- und Abstimmungsordnung einführen. Mäcenas beschreibt diese mit folgenden Worten: Ἐς μὲν οὖν τὸ βουλευτήριον τὰ τοιαῦτα ἐσφέρεσθαι φημὶ χρῆναι· καὶ περὶ μὲν τῶν ἄλλων πάντας ὁμοίως τοὺς παρόντας γνώμην διδόναι· ὅταν δὲ δὴ κατηγορῆταί τις αὐτῶν, μὴ πάντας, πλὴν ἄν τις ἢ μηδέπω βουλεύῃ, ἢ καὶ ἐν τοῖς τεταμιευκόσιν ἔτι ὢν κρίνηται. Ἄτοπον γάρ, τὸν μηδέπω δεδημαρχηκότα ἢ ἀγορανομηκότα ψῆφον κατά τινος τῶν τοιούτων φέρειν, ἢ νὴ Δία τούτων τινὰ κατὰ τῶν ἐστρατηγηκότων, ἢ καὶ ἐκείνων κατὰ τῶν ὑπατευκότων. Ἀλλ' οὗτοι μὲν ἐπὶ πάντας τὴν τοῦ τι ἀποφήνασθαι ἐξουσίαν ἐχέτωσαν· οἱ δ' ἄλλοι ἐπί τε τοὺς ὁμοίους καὶ ἐπὶ τοὺς ὑποδεεστέρους [26]). Es sollte also

---

26) Dio Cassius LII, 32.

nie ein Senator zu Gericht sitzen über einen andern, welcher einen höhern Rang als er selbst besass, und die Unterschiede des Ranges sollten von den Aemtern abhängen, welche ein jeder Senator bekleidet hätte. Alles dies ist vollkommen angemessen und verständlich, und die Bestimmung hinlänglich genau. Nur das scheint vergessen zu sein, welches das Recht der im Amte stehenden Magistrate in solchen Fällen war. Wären sie im Range allen andern Senatoren vorangegangen und demnach befugt gewesen über Verbrecher jedweden Ranges mit abzustimmen, so hätten sie auch neben den Consularen, denen diese Befugniss zugeschrieben wird, genannt werden müssen. Hätten sie nur über Senatoren eines ihrem Amte entsprechenden Ranges zu Gericht sitzen dürfen, so hätten den praetoriis die praetores, den aediliciis die aediles u. s. w. nothwendig beigefügt werden müssen. Ganz ausgelassen aber, wie es geschehen ist, konnten sie nur in dem einen Falle werden, wenn sie überhaupt nicht befugt waren, ein Votum abzugeben.

Von allen Magistraten, die niedern nicht ausgeschlossen, beweist also diese Stelle die Richtigkeit unserer Behauptung, und macht die Anführung anderer, nicht gar schwer zu findender, Gründe ganz unnöthig. Dennoch kann ich mich nicht enthalten, noch an die folgenden Worte des Tacitus (A. III, 17) zu erinnern: *Primus sententiam rogatus Aurelius Cotta consul, nam referente Caesare magistratus eo etiam munere fungebantur.* Denn einen schlagendern Beweis kann es nicht geben, als eine Stelle, die das geradezu ausspricht, was bewiesen werden soll.

Die Magistrate sind bei der Umfrage nicht berücksichtigt worden, und haben ein Gutachten, über welches abgestimmt werden konnte, nicht abgegeben; — dies ist das jedenfalls bestimmte und, wie ich hoffe, auch begründete Ergebniss der bisherigen Untersuchung. Dabei bleibt aber noch die Frage zu entscheiden, ob dessenungeachtet die Magistrate vielleicht an der discessio Theil genommen haben. Diese Aufgabe ist indess nach dem Vorangegangenen leicht zu lösen. Ein Mitwirken bei der discessio nämlich ohne Antheilnahme an der Debatte würde unter der Würde der Magistrate gewesen sein und sie den Pedariern gleichgestellt haben; es würde ferner bei den Magistraten wenigstens, die das ius intercedendi besassen, ganz überflüssig gewesen sein; es wird endlich wenigstens den Consuln und Tribunen geradezu abgesprochen, den erstern von Plinius ep. II, 11: *Sed cum fieret discessio, qui sellis consulum adstiterant, in Cornuti sententiam ire coeperunt; tum illi, qui se Collegae adnumerari patiebantur, in diversum transierunt; Collega cum paucis relictus;* — den letztern von Dio Cassius XLI, 2: Περὶ τῶν δημάρχων οὐδὲν λέγω, ὅτι μήτε ἐν ἀνάγκῃ τινὶ μετασττῆναι ἐποίησαντο, ἅτε καὶ ἐξουσίαν ἔχοντες, εἴτε ἐβούλοντό τινα γνώμην συμβαλέσθαι, εἴτε καὶ μή.

Fassen wir nun zum Schluss das Gesagte zusammen und suchen wir daraus die Stellung der Magistrate im Senat kurz zu bezeichnen, so scheint folgendes das Wahrscheinlichste zu sein: Die höhern Magistrate befanden sich in einer ähnlichen Stellung zum Senat, wie in unserer Zeit die Minister zu den Ständeversammlungen, wo sie nämlich nur als königliche Commissarien ohne Sitz und Stimme an denselben Theil nehmen; sie hatten allein das Vorschlagsrecht, und einem jeden von ihnen stand es frei, durch Reden die Versammlung für seinen Antrag zu gewinnen oder sie dem Antrag eines Andern abgeneigt zu machen. Die niedern Magistrate besassen das Vorschlagsrecht nicht; auch sie aber durften an der Debatte Theil nehmen, um über Gegenstände, die in ihren Geschäftskreis schlugen, dem Senat Aufschlüsse geben und so die

Fassung schädlicher Beschlüsse verhindern zu können. So zeigt sich wenigstens ihre Stellung in einer Stelle des Plutarch Cato minor c. 18: Ἐκκλησίαν καὶ βουλὴν οὐδεμίαν παρῆκε (nämlich der Quästor Cato) δεδιὼς καὶ παραφυλάττων τοὺς ἑτοίμως καὶ πρὸς χάριν ὀφλημάτων καὶ τελῶν ἀνέσεις ἢ δόσεις, οἷς ἔτυχεν, ἐπιψηφιζομένους, — und noch deutlicher in der folgenden des Auctor ad Herennium lib. I, c. 12: *Cum L. Saturninus legem frumentariam de semissibus et trientibus laturus esset, Q. Caepio, qui id temporis quaestor urbanus erat, docuit senatum, aerarium pati non posse largitionem tantam. Senatus decrevit, si eam legem ad populum ferat, adversus rempublicam videri eum facere.* War dies nun die Stellung der Magistrate, so kann es nicht mehr auffallen, dass sie, wie wir gesehen haben, ausser der Ordnung redeten; ob aber alle zu jeder Zeit und auch wider den Willen des Referenten reden durften oder nicht, dafür fehlt meines Wissens jede Andeutung bei den Alten. Nur das Verhältniss also, in welchem die Magistrate zu einander standen, kann uns darüber Aufschluss geben. Darnach aber scheint mir folgende Annahme das Meiste für sich zu haben: Diejenigen Magistrate, welche das unbedingte ius intercedendi hatten, wie die Tribunen, konnten zu jeder Zeit die Umfrage unterbrechen und durch ihre Rede die Stimmung der Senatoren zu ändern versuchen; denn der Referent konnte unmöglich denjenigen am Reden verhindern wollen, welcher jedenfalls seinen Antrag ganz erfolglos machen konnte. Diejenigen Magistrate dagegen, welche nur ein bedingtes ius intercedendi besassen, wie die Consuln und Prätoren, durften nur dann auch wider den Willen des Referenten sprechen, wenn dessen Gewalt nicht grösser war als die ihrige; war dieses aber der Fall, so durften sie es gleich den Magistraten, welche das ius intercedendi gar nicht besassen, nur dann, wenn es ihnen vom Referenten ausdrücklich gestattet wurde. Durch solche Bestimmungen, glaube ich, ist das Recht der Magistrate, im Senat zu reden, beschränkt gewesen, nicht aber bei der sogenannten *altercatio*, sondern nur wenn die Umfrage bereits begonnen hatte; und auch dann wird der Referent schwerlich von seinem Rechte Gebrauch gemacht haben, da es jedenfalls nachtheiliger wirken musste, wenn er einem Magistrat das Wort verweigerte, als wenn dieser wirklich eine Rede gegen seinen Antrag hielt.

5. Die Tribunen im Senat.

Auch im Alterthume haben weise und für das Wohl der Menschheit begeisterte Männer alle ihre Geisteskraft darauf verwandt, eine Verfassung aufzufinden, welche der Natur des Menschen und der Idee der gesellschaftlichen Verbindung entsprechend, alle jene Leistungen aufs Beste erfüllte, die von einem wohleingerichteten Staate vernünftigerweise erwartet werden können. Alles Bestehende warfen sie um; kein Vorurtheil schien ihnen so mächtig, kein Recht so unantastbar, kein von der Natur selbst den Menschen eingepflanzter Trieb so heilig, dass sie nicht alles dies unbedenklich ihrem Ideal zum Opfer gebracht hätten. Eine solche Verfassung aber in irgend einem schon bestehenden Staate wirklich einzuführen, einen Baum zu pflanzen auf die Wurzeln eines andern, die sie nicht auszurotten im Stande waren, dazu waren jene Männer zu weise, und die Völker hüteten sich wohl, eine angebliche Wiedergeburt damit zu beginnen, dass sie alles verwarfen, was sie bereits besassen. Wohl mussten einzelne griechische Völkerschaften zuweilen, wenn innere Unruhen die ruhige Fortentwickelung der Verfassung hemmten, und die bestehenden Formen sich unkräftig erwiesen diesem Uebel Einhalt zu thun, einem hervorragenden Manne das Schicksal ihres öffentlichen und selbst ihres Privatrechts anvertrauen; selbst dann aber war man weit entfernt, die Rücksicht auf die bestehenden Zustände auch nur einen Augenblick aus den Augen zu setzen. Weder Lykurg noch Solon betrachteten ihr Vaterland als ein Stück weiss Papier, worauf sie kritzeln könnten, was ihnen beliebte; als wahre Freunde ihres Vaterlandes und als weise Staatsmänner suchten sie vor allem die bestehenden Verhältnisse mit den Ansprüchen des fortschreitenden Lebens zu vereinigen, und Neuerungen liessen sie nur dann eintreten, wenn jenes Ziel nicht anders erreicht werden konnte. So war es schon bei den beweglichern Griechen; noch stetiger aber, noch mehr dem Gange der Natur entsprechend zeigt sich uns die Entwickelung der römischen Verfassung. Es ist ein besonderer Vorzug unserer Verfassung, pflegte der alte Cato zu sagen, dass sie nicht hervorgegangen ist aus dem Geiste eines Mannes, sondern aus der vereinten Einsicht vieler, dass sie nicht das Werk eines Menschenalters ist, sondern das vieler Jahrhunderte. Kein Volk hat jemals fester, als die Römer, an den Einrichtungen der Vorfahren gehalten, und dennoch hat niemals eins aufmerksamer den Forderungen der Zeit gelauscht und williger den Verbesserungen Eingang verstattet. Darum waren die Römer in dem, was sie in ihrem Staate besserten, nie gänzlich neu, und in dem, was sie beibehielten, nie gänzlich veraltet; darum blieb Einheit in ihrer Verfassung bei aller Verschiedenheit ihrer Theile; darum gelangte sie zu der Vollkommenheit und Festigkeit, welche sie die heftigsten Stürme siegreich bestehen liess, und die ihr noch lange das Scheinleben fristete, als längst schon der Geist erstorben war, der sie belebt hatte.

Anhänglichkeit an das Alte ohne Abneigung gegen Verbesserungen, dies zeigt sich als der hervorstechende Character des römischen Volks bei allen Veränderungen seiner Verfassung, nirgends aber mehr als in der Entwickelung der tribunicischen Macht, jenes Repräsentanten des eigentlich bewegenden Princips in der römischen Geschichte. Vom unscheinbarsten Anfange, nur befugt den Standesgenossen vor Beamtenwillkühr zu schützen, selbst aber ohne allen Antheil an der Regierung, erhoben die Tribunen allmählig ihr Amt zu einer Macht, welche die aller übrigen Magistrate ganz in den Schatten stellte und in Wahrheit keine Grenzen hatte. Und alles dies wurde vollbracht ohne gewaltsame Umwälzungen, ohne eine durchgreifende Veränderung der Verfassung, ja ohne dass bestimmte Gesetze gegeben wären, welche neue Befugnisse ausdrücklich dem Tribunat übertragen hätten. Wie in den Schöpfungen der Natur die alte Hülle bleibt, indess die neue Zeit und Kraft zu ihrer Vollendung gewinnt; so schien der gesetzliche Wirkungskreis des Tribunats nirgend verändert, wenn längst schon thatsächlich die bedeutendste Erweiterung erfolgt war. Kaum ein neues Recht vermehrte die Macht der Tribunen, das nicht längst schon von ihnen ausgeübt worden wäre, ehe es als solches allgemein anerkannt wurde. Nicht nach Tagen also, oder nach Jahren lassen sich die einzelnen Erweiterungen der tribunicischen Gewalt bestimmen; wenn die dem Amte inwohnende Kraft gezeigt, wenn die Umstände, welche die schlummernde weckten und ihrem Wirken die Richtung vorzeichneten, wohl beachtet, wenn die einzelnen Erwerbungen von den leisesten Anfängen bis zu ihrem Hervortreten in voller Kraft sorgsam verfolgt sind, dann ist alles geschehen, was von einer Geschichte des Tribunats füglich erwartet werden kann.

Das Folgende macht nicht darauf Anspruch, eine solche Geschichte zu sein; es berücksichtigt nur ein Recht unter den vielen, und nur wie dieses erworben und erweitert worden ist, will es zeigen. Auch in der Ausbildung dieser einen Befugniss aber verläugnet sich der eigenthümliche Entwickelungsgang des Tribunats keinen Augenblick, und nichts trägt mehr dazu bei die Untersuchung zu erschweren, und die Ergebnisse weniger bestimmt erscheinen zu lassen. Allerdings lassen sich die einzelnen Stufen in der Entwickelung dieses Rechts ohne grosse Mühe und mit hinreichender Sicherheit unterscheiden; wann aber jede dieser Stufen erstiegen und wann man sich angeschickt hat sie mit einer höhern zu vertauschen, dies kann man nur dann, und auch dann nur annähernd bestimmen, wenn man immer den jedesmaligen Zustand der ganzen römischen Verfassung unverrückt im Auge behält, und nie versäumt die Stellung sich zu vergegenwärtigen, welche in ihr die Tribunen einnahmen.

Wir legen unserer Untersuchung eine Stelle des Zonaras zu Grunde, die einzige, welche die Fortschritte des tribunicischen Rechts übersichtlich und, wie es scheint, vollständig zusammenstellt. Sie lautet folgendermassen [1]).

Τὸ μὲν πρῶτον οὐκ εἰσῄεσαν εἰς τὸ βουλευτήριον, καθήμενοι δὲ ἐπὶ τῆς εἰσόδου τὰ ποιούμενα παρετήρουν καὶ, εἴ τι μὴ αὐτοῖς ἤρεσκε, παραχρῆμα ἀνθίςαντο· εἶτα καὶ εἰσεκαλοῦντο ἐντός. Εἰσέπειτα μέντοι καὶ μετέλαβον τῆς βουλείας οἱ δημαρχήσαντες, καὶ τέλος κἀκ τῶν βουλευτῶν τινες ἠξίωσαν δημαρχεῖν, εἰ μή τις εὐπατρίδης ἐτύγχανεν· οὐ γὰρ ἐδέχετο τοὺς εὐπατρίδας ὁ ὅμιλος.

Zonaras unterscheidet also vier Stufen in der allmähligen Ausbildung dieses tribunicischen Rechts:

1) Anfänglich waren die Tribunen im Senat nicht zugegen, sondern sie sassen vor den Thüren der Curie, um das Intercessionsrecht zu üben.

2) Später wurde ihnen der Eintritt in die Curie gestattet.

---

1) Zonaras VII, 15.

3) Noch später wurden die gewesenen Tribunen Mitglieder des Senats.

4) Zuletzt bewarben sich auch Senatoren, wenn sie nicht Patricier waren, um das Tribunat.

Ohne Zweifel sind diese Stufen selbst und ihre Reihenfolge der eigenthümlichen Stellung der Tribunen nicht unangemessen und mit dem Entwickelungsgange der ganzen römischen Verfassung wohl vereinbar; und mag es auch zweifelhaft bleiben, ob damit alle Veränderungen in dem Rechte der Tribunen auf Theilnahme am Senat hinlänglich genau bezeichnet sind, so sind sie doch immer sehr geeignet einen Leitfaden abzugeben, wenn es sich darum handelt, die einzelnen Fortschritte genau zu bestimmen und die Zeitpunkte anzugeben, wann jeder derselben gemacht worden ist.

Es gehört zu den schwierigsten Aufgaben eines Gesetzgebers, ein Mittel aufzufinden, welches die Herrschenden verhindert ihre Befugniss zu überschreiten, ohne die Kraft ihrer Anordnungen zu schwächen, welches die Freiheit des Bürgers sichert, ohne die Regierung in ihrer Thätigkeit zu lähmen und in ihrem Bestehen selbst abhängig zu machen. In der richtigen Vertheilung der drei Gewalten, die vereint die Staatsgewalt ausmachen, fand Montesquieu die Lösung dieser Aufgabe, und die Verfassung von England war diejenige, worin er sein Ideal am schönsten verwirklicht fand. Auch die Alten aber erkannten und verehrten, wenn auch in etwas anderer Weise, in jenem Grundsatz das sicherste Mittel, die Ausartung einer Verfassung zu verhüten, und Rom in seiner schönsten Zeit bot ihnen den Stoff, woran sie seine Richtigkeit am schlagendsten beweisen zu können vermeinten. Τοιαύτης δ' οὔσης, sagt Polybius am Schluss seiner meisterhaften Darstellung der römischen Verfassung, τῆς ἑκάστου τῶν μερῶν δυνάμεως εἰς τὸ καὶ βλάπτειν καὶ συνεργεῖν ἀλλήλοις, πρὸς πάσας συμβαίνει τὰς περιστάσεις δεόντως ἔχειν τὴν ἁρμογὴν αὐτῶν, ὥστε μὴ οἷόν τ' εἶναι ταύτης εὑρεῖν ἀμείνω πολιτείας σύστασιν. Aber nicht auf einmal war dies Meisterwerk erschaffen; langdauernde harte Kämpfe und schwere Trübsal hatte seine Vollendung gekostet, und niemals hat in irgend einem Staate eine grössere Kluft zwischen den Herrschenden und Gehorchenden bestanden, als die war, welche beim Beginn der Republik in Rom die Patricier von den Plebejern trennte.

Als Tarquinius Superbus vertrieben und die königliche Würde auf immer abgeschafft war, war alle Macht den siegreichen Patriciern anheimgefallen. Zwei Männer aus ihrer Mitte hatten die königliche Gewalt ungeschmälert erhalten, und durch die beschränkte Dauer des Amtes war hinlänglich dafür gesorgt, dass seinen Inhabern der Vortheil des ganzen Standes, dem sie auf immer angehörten, höher stand als die Erweiterung der Amtsgewalt, die sie nur auf kurze Zeit besassen. Gesichert also vor den Uebergriffen dieser grossen Gewalt, hatten die Patricier darin ein treffliches Mittel gefunden, ihre Macht über die Plebejer zu befestigen und immer weiter auszudehnen. Zwar hatten auch diese durch eben jene Revolution die Wiederherstellung der Centuriatcomitien erlangt und damit das wichtige politische Recht des Nein wiedererhalten; sie konnten die Annahme neuer, sie beeinträchtigender Gesetze verweigern und die Wahl ihnen missfälliger Männer zu Consuln verhindern oder doch erschweren. Indessen das Vorschlagsrecht des Senats, der wenn auch nicht ausschliesslich, so doch überwiegend patricisch war, lähmte die Kraft jener Comitien, und die überaus starke Macht, welche die Patricier auch in ihnen besassen [2]), machte sie ungeschickt dazu, eine Schutzwehr der Plebejer

---

2) Ich berufe mich hierfür auf die gründliche Beweisführung Peters, in seinen Epochen der römischen Verfassungsgeschichte, p. 9 — 12 und p. 24 — 29.

zu sein. Auf gesetzlichem Wege also eine Verbesserung ihrer Lage und eine Erweiterung ihrer Rechte durchzusetzen, dazu fehlte den Plebejern jedes Mittel, und selbst die Behauptung der bereits gewonnenen Rechte war nicht zu hoffen, da gesetzliche Bestimmungen darüber meistens nicht vorhanden waren, immer aber die Mittel fehlten, ihre Beobachtung von Seiten der Magistrate zu erzwingen.

Eine Schutzwehr gegen offenbare Bedrückungen zu haben, musste also vor allen der Wunsch der Plebejer sein, und bald nöthigte sie der steigende Uebermuth der Patricier, seine Erfüllung mit Gewalt durchzusetzen. So geschah auf dem heiligen Berge, 16 Jahre nach der Vertreibung der Könige, die Einsetzung eines rein plebejischen Magistrats, des Tribunats. Beschützer der Freiheiten ihres Standes gegen die Eingriffe der Magistratsgewalt sollten die Tribunen sein, und der Fluch wurde über jeden ausgesprochen, der sie in der Ausübung dieser ihrer Befugniss hindern würde. Nur auf den Schutz des Einzelnen beschränkte sich aber ihre Gewalt; ein Recht Eingriffe in die Rechte der Plebs als Gesammtheit zu hindern, gegen allgemeine Massregeln der Staatsbehörde Einspruch zu thun, mit einem Worte das ius intercedendi, wurde ihnen weder bei ihrer Einsetzung ertheilt, noch massten sie es sich an in der ersten Zeit ihrer Wirksamkeit [3]). Wenn nun Zonaras die Ausübung gerade dieses

---

3) Dionys. VI. 87 lässt die Plebs auf dem heiligen Berge folgende Forderung stellen: Συγχωρήσατε ἡμῖν ἄρχοντας ἀποδεικνύναι καθ᾽ ἕκαστον ἐνιαυτὸν ἐξ ἡμῶν ὅσους δή τινας, οἵτινες ἄλλου μὲν οὐδενὸς ἔσονται κύριοι, τοῖς δ᾽ ἀδικουμένοις ἢ κατισχυομένοις τῶν δημοτῶν βοηθήσουσι καὶ οὐ περιόψονται τῶν δικαίων ἀποστερούμενον οὐδένα, — und hiermit stimmt ganz überein der Bericht des Livius II, 33: *Agi deinde de concordia coeptum, concessumque in conditiones, ut plebi sui magistratus essent sacrosancti, quibus auxilii latio adversus consules esset.* Hierzu kommen noch Stellen, wie Dionys. VII, 17: μηδὲν ὑπὸ τῆς βουλῆς συγκεχωρῆσθαι τοῖς δημάρχοις ἔξω τοῦ βοηθεῖν τοῖς ἀδικουμένοις τῶν δημοτικῶν, und VII, 52: δύο ταῦτα συγχωρήματα περιέχουσι· ἀφεῖσθαι τοὺς δημοτικοὺς τῶν χρεῶν, καὶ τὴν ἀρχὴν τήνδ᾽

Rechtes als den Zweck bezeichnet, um dessentwillen die Tribunen vor den Thüren der Curie gesessen hätten, und wenn in dem ursprünglichen Wirkungskreise der Tribunen durchaus nichts zu finden ist, was eine regelmässige, wenn auch noch so untergeordnete Theilnahme derselben an den Senatsversammlungen nothwendig gemacht hätte; so scheint es unzweifelhaft, dass auch jene Befugniss, welche nach Zonaras am frühesten den Tribunen zustand, nicht gleich bei der Errichtung des Amtes ihnen zuerkannt worden ist, dass vielmehr ihrer Erlangung eine Zeit voranging, in welcher die Tribunen regelmässig am Senat in keiner Weise Theil nahmen. Wie man dann aber ihre Stellung zum Senat sich zu denken habe und wie lange diese unverändert geblieben sei, diese Fragen kann man nur dann mit Sicherheit beantworten, wenn alle Stellen, in welchen überhaupt von der Gegenwart der Tribunen vor der Erwerbung des ius intercedendi die Rede ist, vollständig gesammelt und richtig erklärt worden sind.

Die erste Stelle dieser Art findet sich bei Dionys [4]), wo er die Ereignisse des Jahrs 263 beschreibt. In diesem Jahre herrschte eine grosse Theurung in Rom, und die Consuln M. Minucius und A. Sempronius bemühten sich aufs eifrigste, aber lange ohne Erfolg, dieser Noth abzuhelfen. Endlich war es ihnen gelungen eine grosse Quan-

---

ἀποδείκνυσθαι καθ' ἕκαςον ἐνιαυτὸν ἐπικουρίας ἕνεκα τῶν κατισχυομένων καὶ κωλύσεως, ἄλλο δὲ παρὰ ταῦτα οὐδὲν, — und vor allem die Thatsache, dass vor der Zeit der Decemvirn ein Beispiel eines von den Tribunen erhobenen Einspruchs nicht vorkommt, obgleich so gut, wie später, mehrmals dazu Veranlassung war. Freilich unterscheiden die Schriftsteller nicht immer genau genug das erste Zugeständniss und das spätere Recht; das lässt sich aber hinlänglich daraus erklären, dass das ius auxiliandi im Grunde nichts anderes als ein ius intercedendi war. Diejenigen Stellen aber, wo von einem eigentlichen ius intercedendi die Rede ist, handeln von dem Einspruch, den ein Tribun gegen den andern erhebt, und davon wird weiter unten die Rede sein.

4) Das Folgende ist aus der weitläufigen Erzählung des Dionysius, VII, 20 — 67, entnommen.

tität Getreide aus Sicilien herbeizuführen, und sie beriefen nun den Senat, um über die Vertheilung desselben zu entscheiden. Auch die Tribunen waren bei dieser Versammlung zugegen, aber nicht weil sie ein Recht dazu hatten, oder gar um nöthigenfalls Einspruch zu thun, sondern weil sie von den Consuln eingeladen waren, wie Dionys VII, 25 ausdrücklich sagt: παρῆσαν γὰρ τῷ συνεδρίῳ, παρακληθέντες ὑπὸ τῶν ὑπάτων. Wahrscheinlich wollten diese wohlwollenden Männer, sicher der menschenfreundlichen Gesinnung der ältern Senatoren, die väterliche Fürsorge des Senats den aufrührerischen Tribunen besser vor die Augen führen, und zugleich durch ihre Gegenwart die der Plebs feindlichen Senatoren möglichst einschüchtern. So geschah es, dass die Tribunen die heftige Schmährede des Coriolan gegen die Plebs mit anhörten. In Folge dieser Rede luden die Tribunen den Coriolan vor das Gericht der Plebs, mussten aber, als die Patricier hartnäckig ihre Competenz bestritten, sich dazu verstehen, vorher ein Probuleuma des Senats darüber einzuholen. Dass sie nun bei den Verhandlungen zugegen waren, ist durchaus nicht auffallend, um so weniger, da sie ihre Zustimmung an die Bedingung geknüpft hatten [5]), τοὺς βουλευτὰς λόγον ἀποδόντας αὐτοῖς τε τοῖς ὑπὲρ τοῦ δήμου πράττουσι καὶ τοῖς συναγορεύειν ἢ τἀναντία λέγειν βουλομένοις, ἐπειδὰν ἀκούσωσι πάντων τῶν βουλευομένων, ὅ τι ἂν αὐτοῖς φανῇ δίκαιόν τε καὶ τῷ κοινῷ συμφέρον ἀποφήνασθαι, denn in Folge dieser Bedingung mussten sie ja nothwendig im Senat sein. Auch heisst es hier wieder ausdrücklich: τῇ κατόπιν ἡμέρᾳ παρῆν μὲν εἰς τὸ συνέδριον ἡ βουλή· οἱ δὲ ὕπατοι δηλώσαντες αὐτῇ τὰ συγκείμενα, τοὺς δημάρχους ἐκάλουν, καὶ περὶ ὧν ἥκουσιν ἐκέλευον λέγειν. Rechnet man nun zu dem Allen noch, dass bei ein Paar andern Senatsversammlungen, die über densel-

---

5) Dionys. VII, 39.

ben Gegenstand gehalten wurden, die Tribunen nicht gegenwärtig waren⁶), so liefert schon dieser einzige Vorfall einen vollständigen Beweis, dass die Tribunen zu dieser Zeit nicht das Recht hatten, im Senat zu erscheinen.

Das der Zeit nach zunächst stehende Beispiel⁷) gehört in das Jahr 284, und ist dem vorigen durchaus ähnlich. Wie dort bei der Vorladung des Coriolan, so fordern auch hier bei der Einbringung der leges Publiliae die Consuln, dass ein Probuleuma des Senats eingeholt werde, bevor die Plebs zur Abstimmung gerufen würde. Nach langem Weigern verstehen sich die Tribunen hierzu, und sind nun natürlich bei den Verhandlungen zur Vertheidigung ihres Antrags zugegen.⁸).

Es folgen nun die zehn Jahre des Streites über die lex Terentilla. In dieser Zeit wird mehrfach und bei verschiedenen Veranlassungen die Gegenwart der Tribunen im Senat erwähnt, niemals aber so, dass daraus auf eine, sei es rechtlich begründete, sei es auch nur angemasste, regelmässige Theilnahme derselben an den Verhandlungen des Senats geschlossen werden könnte.

Gleich im Jahre 292, als zuerst das Gesetz in Anregung gebracht wurde, und unverzüglich, weil die Consuln fern waren, vom Praefectus urbis, Q. Fabius, zur Abwendung der drohenden Gefahr der Senat zusammenberufen war, erschienen auch die Tribunen in der Curie, aber nur um die Abmahnungen des Fabius zu vernehmen und wo möglich dahin gebracht zu werden, dass sie die ganze Sache bis zur Ankunft der Consuln ruhen liessen.⁹).

---

6) Dionys. VII, 37 und 38.
7) Die nähern Umstände sind zu entnehmen aus Dionys. IX, 41 — 49.
8) Dass die Tribunen wirklich zugegen waren, sieht man aus Dionys. IX, 49.
9) Liv. III, 9: *Vos, inquit Fabius, ceteri tribuni, oramus, ut pri-*

8 *

Glücklich war das Jahr für die Patricier vergangen, aber das drohende Gespenst war geblieben, und andere Mittel mussten gefunden werden, es zu verscheuchen. Da kam es ihnen denn sehr gelegen, dass plötzlich von allen Seiten schreckliche Wunderzeichen gemeldet wurden. Augenblicklich wurde der Senat berufen, um wo möglich das drohende Unheil abzuwenden, und natürlich durften die Tribunen nicht fehlen, wenn ihnen ihr heilloses Beginnen so recht vor die Seele geführt werden sollte [10]).

Wiederum war ein Jahr verflossen, und durch die Ränke und Gewaltthaten der Patricier waren die Tribunen auf's Aeusserste gebracht. Man vermuthete, und wahrscheinlich nicht ohne Grund, das Bestehen einer Verschwörung, welche die Vernichtung aller plebejischen Freiheiten zum Zweck hatte, und die Tribunen nahmen es auf sich, die Sache dem Senat anzuzeigen und die Bestrafung der Frevler zu beantragen. Anzeigen wurden häufig auch von Privatpersonen dem Senat gemacht, wenn es ihnen ein Consul, oder wer sonst das Recht den Senat zu berufen hatte, gestattete. Dass es hier durch die Tribunen geschah, war also ganz in der Ordnung, und kann um so weniger befremden, da auch die Tribunen, wie ausdrücklich berichtet wird [11]), ihr Vorhaben nur durch die Vermittlung der Consuln auszuführen im Stande wa-

---

mum omnium cogitetis, potestatem istam ad singulorum auxilium, non ad perniciem universorum comparatam esse; tribunos plebis vos creatos, non hostes patribus. - - - Agite cum collega, ut rem integram in adventum consulum differat.

10) Dionys. X, 2: Ἔπειτα συναχθέντες εἰς τὸ βουλευτήριον οἱ σύνεδροι, παρόντων καὶ τῶν δημάρχων, ὑπὲρ ἀσφαλείας τε καὶ σωτηρίας τῆς πόλεως ἐσκόπουν.

11) Dionys. X, 9: Ταῦτ' εἰπόντες, ᾤχοντο πρὸς τοὺς ὑπάτους. - - - Οἱ μὲν ὕπατοι τὴν βουλὴν ἐκάλουν· οἱ δὲ δήμαρχοι προσελθόντες ἐδείκνυσαν τὰ προσαγγελλόμενα.

ren, und da auch sie nur reden durften, wenn es ihnen von den Consuln gestattet war [12]).

Verzweifelnd an dem endlichen Erfolg ihrer langjährigen Bemühungen, hatten die Tribunen beschlossen, erst näher liegende und minder schwer zu erringende Vortheile zu erkämpfen und dann mit gestärkter Kraft dem Hauptziele sich wieder zuzuwenden. In dieser Absicht verhinderten sie im Jahre 297 die Aushebung, und wollten nur dann nachgeben, wenn ihnen eine Forderung gewährt würde, die sie aber nirgends anders, als im Senat selbst, nennen würden. Die Consuln, in äusserster Verlegenheit, nahmen die Bedingung an, und nun konnten natürlich die Tribunen im Senat den Antrag stellen, dass statt fünf Tribunen künftig zehn gewählt würden [13]).

Ganz nach demselben Plane wurde im folgenden Jahre die **lex Icilia de Aventino publicando** von den Tribunen beantragt. Bei den Verhandlungen über dies Gesetz erscheint auf einmal das Verhältniss der Tribunen zum Senat gänzlich geändert; denn nicht nur ein Recht, regelmässig an den Senatsversammlungen Theil zu nehmen, sondern auch das *ius convocandi senatum* und das *ius referendi* wird ihnen jetzt mit klaren Worten vom Dionysius zugeschrieben [14]). Die betreffende Stelle lautet so: Τὸν μὲν ἔμπροσθεν χρόνον ἐκκλησίας μόνον ἦσαν οἱ δήμαρχοι κύριοι, βουλὴν δὲ συναγαγεῖν ἢ γνώμην ἀγορεύειν οὐκ ἐξῆν αὐτοῖς, ἀλλ' ἦν τῶν ὑπάτων τοῦτο τὸ γέρας· οἱ δὲ τότε δήμαρχοι πρῶτον συγκαλεῖν ἐπεβάλοντο τὴν βουλήν, Ἰκιλλίου τὴν πεῖραν εἰσηγησαμένου, ὃς ἡγεῖτο τοῦ ἀρχείου

---

12) Dionys. X, 13: Ταῦτ' εἰπόντος τοῦ ὑπάτου, κραυγή τε καὶ πολὺς ἔπαινος ἐκ τῶν παρόντων ἐγένετο· καὶ οὐδὲ λόγου τοῖς δημάρχοις ἔτι μεταδιδόντες διέλυσαν τὸν σύλλογον.

13) Dionys. X, 30: Μετὰ ταῦτα συναγαγόντων τὸ συνέδριον τῶν ὑπάτων, παρελθὼν (ὁ δήμαρχος) καὶ τὰ δίκαια τοῦ δήμου πρὸς τὴν βουλὴν ἅπαντα εἰσενεγκάμενος, ᾐτήσατο διπλασιασθῆναι τὴν ἀρχὴν τὴν προϊσταμένην τοῦ δήμου.

14) Dionys. X, 31.

Gegen eine solche Stelle scheint nichts erinnert werden zu können, und in der That ist sie auch von den neuern Bearbeitern dieses Gegenstands entweder als wahr erkannt [15]), oder doch als ein mit ihrer Ansicht nicht in Einklang zu bringendes Zeugniss so gut als unwiderlegt hingestellt worden [16]). Indessen hat man dabei einen wichtigen Umstand übersehen, nämlich die Art, wie Icilius das neuerworbene Recht in Ausübung bringt. Man sollte erwarten, Icilius würde nun ohne Weiteres ein Edict angeschlagen oder Herolde ausgesandt haben, den Senat zu berufen; aber weder das eine noch das andere geschah. Τοῦτο τὸ πολίτευμα, erzählt Dionysius, εἰσάγων ὁ δήμαρχος τοῖς τότε ὑπάτοις καὶ τῇ βουλῇ προσῄει, δεόμενος τὸν ἐπ' αὐτῷ γραφέντα νόμον προβουλεῦσαί τε καὶ εἰς τὸν δῆμον ἐξενεγκεῖν. Ganz wie seine Vorgänger also wandte sich Icilius an die Consuln mit der Bitte, dass sie für ihn den Senat berufen möchten, und nicht die geringste Spur von einer Erweiterung der tribunicischen Rechte ist in diesem seinem Verfahren zu erkennen. Was aber den Dionysius zu seiner Behauptung veranlasste, auch dies ist nicht schwer zu finden. Früher waren alle Consuln willig dergleichen Verlangen der Tribunen nachgekommen; dieses Mal aber lehnten sie die Bitte des Icilius geradezu ab, und konnten nur mit Gewalt gezwungen werden, sie endlich zu erfüllen. Listig hatte Icilius den Stolz der Consuln verletzt, so dass sie in dem Diener des Tribunen diesen selbst beleidigten, und nun vermochte er leicht durch Verhaftung des Lictors und durch die in Aussicht stehende Vorladung der Consuln selbst vor das Gericht der Plebs diese zur Erfüllung seines Wunsches zu nöthigen. So konnte aber auch einer handeln, der sonst gar

---

15) Becker, röm. Alterthümer II, 1, p. 277; Kreuzer, Abriss der röm. Antiquitäten p. 213; Göttling, röm. Staatsverfassung p. 293.

16) Niebuhr, röm. Geschichte II, p. 436.

keinen Zutritt zum Senat hatte; weder den Besitz des ius referendi noch eine regelmässige Theilnahme am Senat setzt folglich diese Handlungsweise des Icilius voraus.

Im folgenden Jahre 299 versuchten die Tribunen die Aushebung zu verhindern; ihr Widerspruch wurde aber nicht beachtet und die Plebejer, die an sie appellirt hatten, von den Consuln ins Gefängniss geworfen. Da luden sie die Consuln vor das Gericht der Plebs, und wandten sich, als diese nicht erschienen, klagend an den Senat. Ἐκάλουν, heisst es bei Dionysius X, 34, τοὺς ὑπάτους εἰς τὸν δῆμον, τῶν πεπραγμένων λόγον ὑφέξοντας. Ὡς δ' οὐ προσεῖχον αὐτοῖς ἐκεῖνοι τὸν νοῦν, ἐπὶ τὴν βουλὴν παρῆσαν (ἔτυχον γὰρ ὑπὲρ αὐτῶν τούτων συνεδρεύοντες), καὶ παρελθόντες ἐδέοντο, μήθ' αὐτοὺς τὰ αἴσχιστα πεπονθότας ὑπεριδεῖν, μήτε τὸν δῆμον ἀφαιρεθέντα τὴν ἐξ αὐτῶν βοήθειαν. Es war also ein dem vorigen ganz ähnlicher Fall; zwar kamen hier die Tribunen wohl nicht mit Bewilligung der Consuln in den Senat; sie kamen aber auch nur als Bittende, und Gewalt gegen die einmal hereingekommenen zu brauchen, gestattete ihre sacrosancta potestas nicht.

Es bleibt nun vor der im Jahre 300 erfolgten Annahme der lex Terentilla nur noch ein Beispiel übrig. Als nach der Verurtheilung der Consuln des verflossenen Jahres endlich ein günstiges Probuleuma zu Stande kam, waren auch die Tribunen im Senat zugegen, ohne jedoch an den Verhandlungen Theil zu nehmen. Ohne Zweifel waren sie auch diesmal wieder von den Consuln eingeladen, weil ihre eigne Angelegenheit verhandelt wurde [17]).

Dies sind, so viel ich weiss, alle Stellen, welche vor der Gesetzgebung der zwölf Tafeln die Gegenwart der Tribunen in der Curie erwähnen. Eine regelmässige Theilnahme der Tribunen an den Senatsversammlungen lässt sich aus keiner derselben ableiten; vielmehr stimmen alle

---

17) S. Dionys. X, 48—52.

darin überein, dass die Tribunen nur in zwei Fällen, und auch dann nur durch Vermittlung der Consuln, im Senat erschienen: einmal wenn ein aussergewöhnlicher Umstand es dem Senat oder seinen Vorsitzern wünschenswerth machte, das Gutachten der Tribunen zu vernehmen oder sie Zeugen von der Verhandlung sein zu lassen; zweitens wenn die Tribunen im Interesse ihres Standes eine Anzeige, Bitte oder Beschwerde an den Senat zu bringen hatten. Hierauf also wäre die Befugniss der Tribunen bis zur Zeit der Decemvirn zu beschränken, und diese Zeit als die erste Periode in der Entwickelungsgeschichte dieses tribunicischen Rechts anzunehmen.

Bevor ich nun zu der zweiten Periode übergehe, muss ich noch einer Stelle gedenken, der einzigen, die mit diesem Ergebniss nicht zu vereinen ist. Sie findet sich in einer Rede des Appius Claudius bei Dionysius VII, 49, und lautet so: ὁ δῆμος εὐθὺς ἑτέραν ἔτι ταύτης ᾔτει μείζω καὶ παρανομωτέραν δωρεάν, ἐξουσίαν αὐτῷ δοθῆναι δημάρχους ἐξ αὐτοῦ καθ' ἕκαστον ἔτος ἀποδεικνύναι - - - - . Καὶ τοῦτο ἔπεισαν ἡμᾶς οἱ σύμβουλοι τὸ ἀρχεῖον ἐᾶσαι παρελθεῖν εἰς τὴν βουλήν, ἐπὶ τῷ κοινῷ παραγινόμενον κακῷ καὶ μάλιστα ἐπὶ τῷ κατὰ τῆς βουλῆς φθόνῳ, πολλά, εἴπερ ἄρα μέμνησθε, κεκραγότος ἐμοῦ, καὶ μαρτυρομένου θεούς τε καὶ ἀνθρώπους, ὅτι πόλεμον ἐμφύλιον ἄπαυστον εἰς τὴν πόλιν εἰσάξετε, καὶ πάντα ὅσα ὑμῖν προβέβηκε λέγοντος. Hiernach müssten die Tribunen gleich bei ihrer Einsetzung Zutritt zum Senat erhalten haben. Indessen der Zusammenhang der ganzen Stelle ist dagegen, und nicht die Zulassung der Tribunen zum Senat, sondern ihre Erwählung überhaupt war das, wogegen Appius Claudius früher geeifert hatte [18]). Da nun auch Lapus die Worte εἰς τὴν

---

18) Die Plebs auf dem heiligen Berge forderte, dass ihnen die Wahl von Tribunen zum Schutz der Einzelnen zugestanden würde, und diese Forderung, nichts weiter, wurde dem Senat vorgelegt. Hiergegen erklärte sich nach Dionys. VI, 88 Appius mit Entschiedenheit;

βουλὴν mit *in rempublicam* übersetzt, so scheint mir Duker[19]) vollkommen Recht zu haben, wenn er jene Lesart für falsch erklärt und dafür εἰς τὴν πόλιν setzt.

Unbedenklich können wir also jetzt zur Beantwortung der Frage fortschreiten, ob und inwiefern sich in dem angegebenen Verhältniss der Tribunen zum Senat nach der Decemviralgesetzgebung etwas geändert hat.

Nach Zonaras sassen die Tribunen vor den Thüren der Curie, um das ihnen zustehende ius intercedendi auszuüben, und so viel wenigstens ist gewiss, dass der Besitz dieses Rechts auch das mit einschliesst, den Senatsversammlungen nach Belieben beizuwohnen. Spätestens also in der Zeit, wo die Tribunen jenes Recht erlangten, müssen ihnen auch diese Sitze zugestanden worden sein. Mit diesem Rechte der Tribunen ist es aber, wie mit allen Erweiterungen der tribunicischen Macht: nicht ein ausdrückliches Gesetz hat es ihnen verschafft, sondern sie haben es erworben durch eine geschickte Anwendung der ihnen bereits zustehenden Befugnisse und namentlich des ius auxiliandi. Man sieht dies deutlich daraus, dass der Einspruch der Tribunen am frühesten gerade bei solchen Senatsbeschlüssen hervortritt, zu deren Verhinderung auch die Anwendung des ius auxiliandi vollkommen ausreichend war. Ich rede hier nur von dem *ius intercedendi senatusconsultis*, nicht von dem Einspruch, den ein Tribun gegen die Handlungen eines andern erheben durfte. Denn diese Befugniss war ganz anderer Natur: sie beruhte auf dem allgemeingültigen Grundsatz, dass in jedem Magistratscollegium die Ansicht des Verhindernden massgebend ist, und sie muss also auch den einzelnen Tribunen gleich

---

von einer Zulassung der Tribunen zum Senat aber war damals gar nicht die Rede.

19) S. die Anmerkung zu Liv. III, 69.

von der Errichtung des Amtes an zugestanden haben [19]). Kommen somit dergleichen Stellen hier nicht in Betracht, so ist das erste Beispiel eines von Tribunen erhobenen Einspruchs der des C. Canulejus vom Jahr 309, und dieser Einspruch war gegen einen Senatsbeschluss gerichtet, welcher die Aushebung von Legionen anbefahl. Schon vorher aber waren derartige Senatsbeschlüsse häufig mit vollkommenem Erfolg dadurch von den Tribunen unwirksam gemacht worden, dass sie allen denen, welche den Kriegsdienst verweigern würden, den tribunicischen Schutz verhiessen; also nur durch Anwendung des ius auxiliandi [21]). Natürlich konnte es in solchen Fällen für den Senat wenig Unterschied machen, ob die Tribunen von vornherein die Annahme des Beschlusses verhinderten, oder nachher seine Ausführung unmöglich machten; ja das Erstere musste ihm sogar wünschenswerth sein, einestheils weil dadurch der unnütze Zeitaufwand vermieden

---

20) Dionys. X, 31: Οὐδὲν τῶν πραττομένων ὑπὸ τῆς ἀρχῆς ἐκείνης ἐπισχεῖν ἢ κωλῦσαι τῶν ἄλλων τινὶ ἔξεστιν, ἀλλ' ἑτέρου δημάρχου τοῦτ' ἐστὶ τὸ κράτος. Niebuhr, röm. Gesch. II, p. 494 hat die Meinung aufgestellt, dass bis zur Mitte des 4ten Jahrhunderts im Collegium der Tribunen die Stimmenmehrheit entschieden habe; indessen dagegen sprechen die Worte des Appius Claudius bei Liv. II, 44: *Victam tribuniciam potestatem priore anno, in praesentia re ipsa, exemplo in perpetuum, quando inventum sit suis ipsam viribus dissolvi. Neque enim unquam defuturum, qui et ex collega victoriam sibi et gratiam melioris partis bono publico velit quaesitam. Et plures, si pluribus opus sit, tribunos ad auxilium consulum paratos fore; et unum vel adversus omnes satis esse;* — und ferner Liv. II, 56: *Huic actioni cum summa vi resisterent patres; nec, quae una vis ad resistendum erat, ut intercederet aliquis ex collegio adduci posset.* Zu vergleichen ist auch Dionys. IX, 1.

21) Von den vielen Beweisstellen führe ich nur die folgende an. Dionys. X, 43: Ἡ βουλὴ τοὺς ὑπάτους τοῖς Τυσκλάνοις ἐψηφίσατο βοηθεῖν ἀμφοτέρους· οἱ δ' ὕπατοι στρατολογίαν προθέντες ἐκάλουν τοὺς πολίτας ἅπαντας ἐπὶ τὰ ὅπλα. Ἐγένετο μὲν οὖν τις καὶ τότε στάσις, ἐναντιουμένων τῇ καταγραφῇ τῶν δημάρχων, καὶ τὰς ἐκ τῶν νόμων τιμωρίας οὐ συγχωρούντων ποιεῖσθαι κατὰ τῶν ἀπειθούντων. Ἔπραξε δ' οὐδέν.

wurde, anderntheils weil man eher hoffen konnte die Tribunen zur Nachgiebigkeit zu bewegen, wenn sie selbst den Verhandlungen beiwohnten. Eben so natürlich aber war es auch, dass hierbei die Tribunen nicht stehen blieben. Besassen sie einmal die Macht, gerade die dringendsten Senatsbeschlüsse, nämlich diejenigen, welche die Aushebung oder die Einzahlung der Kriegssteuer verordneten, unwirksam zu machen, so musste der Senat nothwendig ihren Widerspruch auch bei andern Beschlüssen beachten, eben um jene dringendsten nicht verhindert zu sehen. So wurde gleich in seinem Beginnen das Intercessionsrecht der Tribunen ein allgemeines, das gegen alle Senatsbeschlüsse ohne Unterschied und gegen die Amtshandlungen aller Magistrate geltend gemacht werden konnte, und fortwährend kommen vom Jahre 309 an Beispiele vor, dass es in diesem weiten Umfange von den Tribunen ausgeübt worden ist. Schon von demselben Jahre sagt Livius IV, 6: *Consules, cum per senatum intercedentibus tribunis nihil agi posset, consilia principum domi habebant;* und Dionysius XI, 54 legt den Tribunen eben dieses Jahres die Drohung in den Mund, καὶ περὶ τῶν ἄλλων ἐναντιώσεσθαι τοῖς δόγμασι τῆς βουλῆς, καὶ οὐδὲν ἐάσειν δόγμα περὶ οὐδενὸς κυρωθῆναι πράγματος, ἐὰν μὴ τὸν ὑπ' αὐτῶν εἰσφερόμενον προβουλεύσῃ νόμον. Ebenso sagt Livius IV, 43 vom Jahre 333: *Cum senatus consules quam tribunos creari mallet, neque posset per intercessiones tribunicias senatusconsultum fieri; respublica a consulibus ad interregnum, neque id ipsum (nam coire patricios tribuni prohibebant), redit;* — ferner vom Jahre 340: *Quum senatusconsultum fieri tribuni plebis non paterentur, iidem intercederent consularibus comitiis, res ad interregnum rediit* (IV, 50). So schnell aber auch diese neue Befugniss der Tribunen sich ausbildete, so verwischten sich doch noch lange nicht die Spuren ihres Ursprungs. Gerade wie Canulejus, als er zuerst einem Senatsbeschluss intercedirte, nicht kurz-

‚weg Veto sagte, sondern nur erklärte, dass er später die Ausführung verhindern werde [22]); gerade so mussten im Jahr 345 die drei Icilier [23]), und im Jahr 348 sämmtliche Tribunen [24]) sich darauf beschränken, einen wider ihren Willen zu Stande gekommenen Senatsbeschluss durch Handhabung ihres ius auxiliandi unwirksam zu machen.

Förmlich übertragen also wurde das ius intercedendi den Tribunen nicht, und von einem bestimmten Jahre, in dem sie es erhalten hätten, kann natürlich nicht die Rede sein. So viel aber lässt sich füglich behaupten, dass dieses Recht zuerst bei Wiederherstellung des Tribunats nach dem Sturz der Decemvirn von den Tribunen beansprucht und nachher in kurzer Zeit vollkommen zur Anerkennung gebracht worden ist. Abgesehen davon dass ein Beispiel seiner Anwendung zuerst wenige Jahre nach diesem Ereigniss sich findet, erhellt dies auch aus der Verordnung der Consuln Valerius und Horatius vom Jahre 305: *ut senatusconsulta in aedem Cereris ad aediles plebis deferrentur, quae antea arbitrio consulum supprimebantur vitiabanturque* [25]). Weiss man nämlich, dass hierin die Aedilen nur als Gehülfen der Tribunen thätig waren, wie dies Zonaras ausdrücklich sagt [26]), so kann man auch nicht

---

22) Liv. IV, 1: *Tum C. Canuleius pauca in senatu vociferatus, nequicquam territando consules avertere plebem a cura novarum legum: nunquam eos se vivo delectum habituros, antequam ea, quae promulgata ab se collegisque essent, plebes scivisset.*

23) Liv. IV, 55: *Ubi ex senatusconsulto consules delectum habere occipiunt, obstare tunc enixe tribuni, sibi plebique eam fortunam oblatam memorantes. Tres erant, et omnes acerrimi viri, generosique iam ut inter plebeios. Duo, singuli singulos, sibi consules asservandos assidua opera desumunt; uni concionibus data nunc detinenda, nunc concienda plebs.*

24) Liv. IV, 60: *Indicto iam tributo, edixerunt etiam tribuni auxilio se futuros, si quis in militare stipendium tributum non contulisset.*

25) Liv. III, 55.

26) Zonaras VII, 15: Ἀγορανόμους δύο προσείλοντο, οἷον ὑπη-

verkennen, dass diese Verordnung nur deshalb erlassen wurde, damit kein Senatsbeschluss ohne Wissen und wider den Willen der Tribunen zu Stande kommen könnte. Ferner setzt der Besitz des ius intercedendi die Theilnahme der Tribunen an den Senatsverhandlungen voraus, und dass auch sie jetzt Regel wurde, ersieht man aus den Worten des Dionysius XI, 56: τοῖς δημάρχοις δέος ἐνέπιπτε πρὸς τὴν ἀπόρρητον τῶν ἀνδρῶν συνουσίαν, ὡς ἐπὶ κακῷ τινι τοῦ δήμου μεγάλῳ γενομένην, ἐπειδὴ κατ' οἰκίαν τε συνέδρευσαν καὶ οὐκ ἐν τῷ φανερῷ, ἀλλὰ καὶ οὐδένα τῶν προεστηκότων τοῦ δήμου κοινωνὸν τῶν βουλευμάτων παρέλαβον, — und nicht minder aus denen des Livius IV, 36: *captatum deinde tempus ab tribunis militum, quo per discessum hominum ab urbe, cum patres clandestina denuntiatione revocati ad diem certam essent, senatusconsultum fieret absentibus tribunis plebi, ut consularia comitia haberentur.* Es ist folglich die Zeit der Decemvirn, oder der Beginn des 4. Jahrhunderts, als der Anfangspunkt derjenigen Periode zu bezeichnen, welche uns die zweite, dem Zonaras aber die erste ist in der Entwickelungsgeschichte des senatorischen Rechts der Tribunen.

Illud quoque memoria repetendum, quod tribunis plebis intrare curiam non licebat; ante valvas autem positis subselliis, decreta patrum attentissima cura examinabant, ut, si qua ex eis improbassent, rata esse non sinerent. Itaque veteribus senatusconsultis T litera subscribi solebat, eaque nota significabatur, ita tribunos quoque censuisse. So berichtet Valerius Maximus II, 2, 7, und im Wesentlichen dasselbe haben wir auch schon von Zonaras gehört. Hierauf beschränkte sich also in dieser Zeit die Theilnahme der Tribunen an den Senatsverhandlungen, und gewiss konnte auch ihr Zweck vollkommen erfüllt werden, wenn

---

ρέτας σφίσιν ἐσομένους πρὸς γράμματα· πάντα γὰρ τά τε παρὰ τῷ πλήθει καὶ τὰ παρὰ τῷ δήμῳ καὶ τῇ βουλῇ γραφόμενα λαμβάνοντες, ὥςτε μηδὲν σφᾶς τῶν πραττομένων λανθάνειν, ἐφύλασσον.

den Tribunen ein Platz angewiesen wurde, von dem aus sie alles hören und über alles sich vernehmlich machen konnten. Indessen wird auch die alte Sitte nicht abgekommen sein, dass die Tribunen zuweilen im Senat selbst erschienen und Reden hielten, wenn sie entweder von den Consuln aufgefordert waren, ihr Gutachten über irgend einen Gegenstand abzugeben, oder wenn sie mit deren Bewilligung eine Bitte oder Beschwerde dem Senat vorzutragen hatten. Nichts anderes wenigstens ist es, was Livius IV, 44 von den Tribunen des Jahres 334 berichtet: *subinde ab iisdem tribunis mentio in senatu de agris dividendis illata est;* denn dass hier noch nicht eine Relation der Tribunen nothwendig angenommen werden muss, zeigen Stellen, wie Liv. XXX, 21: *Mentio deinde ab senioribus facta est,* — und Cic. ad Att. I, 13: *Credo enim te audisse, cum apud Caesarem pro populo fieret, venisse eo muliebri vestitu virum; idque sacrificium cum virgines instaurassent, mentionem a Q. Cornificio in senatu factam.*

Wir kommen nun zu der Frage, wie lange diese Sitte beibehalten, und wann zuerst den Tribunen ein Sitz in der Curie selbst gewährt worden ist; denn dies wird als der nächste Fortschritt in jener Stelle des Zonaras angegeben. Bis hierher waren die Erweiterungen des tribunicischen Rechts durch unausgesetzte Bemühung von den Tribunen allmählig erkämpft, nicht aber ihnen von den Patriciern auf einmal zugestanden worden. Auch diesmal scheint der Hergang kein anderer gewesen zu sein, denn von einem Gesetz, welches die neue Befugniss den Tribunen überwiesen hätte, ist nirgends eine Spur zu finden. Wollen wir also den Zeitpunkt bestimmen, in welchem die in Rede stehende Veränderung eingetreten ist, so müssen wir vor Allem eine Veranlassung aufzufinden suchen, welche die Anwesenheit der Tribunen innerhalb der Curie wünschenswerth oder nothwendig machte.

Erwägt man nun zu diesem Ende die bisherige und die spätere Stellung der Tribunen zum Senat, so wären, an sich betrachtet, zwei Fälle denkbar, um derentwillen die Neuerung geschehen sein könnte: entweder die Tribunen wurden den übrigen Magistraten in ihrem Verhältniss zum Senat gleichgestellt und nahmen wie diese an den Verhandlungen Theil; oder sie blieben, wie bisher, dem Senat entgegengesetzt, erhielten aber als Vertreter der Plebs das Recht, den Senat zu berufen und Anträge an denselben zu bringen. Von diesen beiden möglichen Veranlassungen erscheint aber die erstere nicht annehmbar, weil der alte Gegensatz der Tribunen gegen den Senat noch lange, nachdem sie das ius referendi erlangt hatten, in Kraft blieb [27]). Es muss folglich die Erwerbung des ius referendi das gewesen sein, was die Tribunen in den Senat führte, und unsere Frage kann auch so gestellt werden: wann erhielten die Tribunen das ius referendi?

Das erste Beispiel einer Ausübung dieses Rechts von Seiten der Tribunen findet sich zu Anfang der dritten Decade des Livius, und bald darauf ein zweites. Vom Jahr 538 erzählt nämlich Livius XXII, 61: (Fama est) *ab cognato Scribonii tribuno plebis de redimendis captivis relatum esse, nec censuisse redimendos senatum*, und vom

---

27) Polyb. VI, 16: Ἐὰν εἷς ἐνίστηται τῶν δημάρχων, οὐχ οἷον ἐπὶ τέλος ἄγειν τι δύναται τῶν διαβουλίων ἡ σύγκλητος, ἀλλ' οὐδὲ συνεδρεύειν ἢ συμπορεύεσθαι τὸ παράπαν. Ὀφείλουσι δὲ ἀεὶ ποιεῖν οἱ δήμαρχοι τὸ δοκοῦν τῷ δήμῳ καὶ μάλιστα στοχάζεσθαι τῆς τούτου βουλήσεως. Dasselbe geht auch aus der Bestimmung hervor, dass niemand, dessen Vater ein curulisches Amt bekleidet hatte, bei dessen Lebzeiten Tribun werden könne; denn sie setzt voraus, dass einer, der selbst ein curulisches Amt bekleidet hatte, noch viel weniger zum Tribunat wählbar war, und, da der Senat in dieser Zeit hauptsächlich aus gewesenen curulischen Magistraten bestand, dass die Tribunen eigentlich nicht Senatoren sein sollten. Diese Bestimmung galt aber noch zur Zeit des 2ten Punischen Kriegs (Liv. XXVII, 21, XXX, 19), während sie zur Zeit der Gracchen nicht mehr beobachtet wurde (App. bell. civ. I, 24).

Jahre 544 im 5. Cap. des 27. Buchs: *M. Lucretius* (trib. pl.) *cum de ea re consuleret, ita decrevit senatus cet.* Mit Bestimmtheit erkennen wir also, dass zur Zeit des zweiten Punischen Kriegs dies Recht den Tribunen vollkommen zustand; über den Zeitpunkt aber, in welchem dies Recht von ihnen erworben worden ist, bleiben wir völlig in Ungewissheit, zumal da die fehlende zweite Decade des Livius den Mangel älterer Beispiele mehr als genügend erklärt. Gewissheit hierüber muss auf einem andern Wege gesucht werden.

Ein Mensch, welcher ein vollkommen ausreichendes Mittel etwas ins Werk zu setzen besitzt, wird sich, um seinen Zweck zu erreichen, nicht leicht an einen andern wenden, dem auch nichts mehr als dieses Mittel zu Gebote steht; er wird dies aber keinenfalls thun, wenn dieser Mensch nicht geneigt ist sein Mittel für ihn anzuwenden, und wenn die Zwangsmittel, die er selbst hat, nicht ganz unfehlbar sind. Nun wird die Verfahrungsart der Tribunen in frühern Zeiten öfter so angegeben, dass sie die Consuln zwangen, über einen von ihnen angegebenen Gegenstand im Senat zu referiren. So geschieht es, abgesehen von den Beispielen aus der Zeit vor den Decemvirn, in der Geschichte des Jahres 313 bei Livius IV, 12: *Causa seditionum nequicquam a Poetelio quaesita, qui, tribunus plebis iterum ea ipsa denuntiando factus, neque ut de agris dividendis plebi referrent consules ad senatum pervincere potuit, et cum magno certamine obtinuisset ut consulerentur patres, consulum an tribunorum placeret comitia haberi, consules creari iussi sunt,* — und in der des Jahres 345 bei demselben IV, 55: *tribuni pervincunt, ut senatusconsultum fiat de tribunis militum creandis.* Trotz aller angewandten Mühe erreichten also die Tribunen auf diesem Wege zuweilen ihren Zweck nicht, und es ist durchaus nicht abzusehen, warum sie so verführen, wenn ihnen das ius referendi zugestanden hätte.

Allerdings kommen auch noch nach dem zweiten Punischen Kriege Beispiele vor, dass die Tribunen einen Antrag lieber von den Consuln ausgehen lassen, als ihn selbst stellen wollten; indess diese Beispiele lassen sich sehr leicht erklären und können mit jenen nicht auf eine Linie gestellt werden. Einmal nämlich hatte ein Antrag im Senat nothwendig mehr Aussicht auf Erfolg, wenn er von einem Consul, als wenn er von einem Tribun ausging [28]), und es konnte daher ein Tribun, dem seine Sache am Herzen lag, wohl wünschen diese Empfehlung ihr zu verschaffen. Zweitens mag auch bei gewissen rein administrativen Gegenständen, wie z. B. bei der Vertheilung der Provinzen und der Legionen [29]), das ius referendi ausschliesslich den Consuln oder in ihrer Abwesenheit den Prätoren zugestanden haben. Endlich ist es wohl denkbar, dass jemand, der ein Ziel erreichen will, einen Umweg einschlägt, nicht aber dass er wissentlich einen gesperrten Weg wählt, wenn ihm ein von Hindernissen freier offen steht. Gerade so aber verhalten sich die spätern Beispiele zu den ältern, die von mir angeführt worden sind; dort erreichen die Tribunen durch Vermittelung der Consuln ihren Zweck, wenigstens sehen sie ein, dass

---

28) Als es sich um Ciceros Zurückberufung handelte, forderte man allgemein, obgleich bereits ein Tribun darüber referirt hatte und es auch den andern freistand dasselbe fernerhin zu thun, dennoch von den Consuln, sie möchten referiren; offenbar weil dann mehr Aussicht auf Erfolg war.

29) Wie wenig hiermit die Tribunen zu schaffen hatten, zeigt sich unter andern auch daraus, dass ihnen durch die lex Sempronia de provinciis consularibus selbst das Intercessionsrecht bei der Bestimmung der consularischen Provinzen entzogen wurde. Cic. de provinciis consul. c. 7: *Atqui duas Gallias qui decernit consulibus duobus, hos retinet ambo* (sc. Pisonem et Gabinium); *qui autem alteram Galliam et aut Syriam aut Macedoniam, tamen alteram retinet et in utriusque pari scelere disparem conditionem facit. Faciam, inquit, illas praetorias, ut Pisoni et Gabinio succedatur statim. Si hic sinat; tum enim tribunus intercedere poterit, nunc non potest.*

sie ihn ohne deren Vermittelung auch nicht erreichen würden, hier dagegen setzen sie auf dem einen Wege ihren Willen nicht durch, und verzichten doch darauf den andern noch unversuchten zu betreten. Schon aus diesen Gründen also muss ich mich gegen Rubino [30]) erklären, wenn er auf Grund eines dieser Beispiele [31]) behauptet, die Tribunen hätten bis zur Zeit des C. Gracchus das Recht, den Senat zu berufen, nicht gehabt, sondern ihre Anträge nur durch die Consuln an denselben bringen können. Ich erinnere aber noch an die beiden oben angeführten Stellen des Livius, welche das *ius consulendi senatum* den Tribunen schon zu Anfang des zweiten Punischen Kriegs unzweideutig zuschreiben, und mache endlich eine andere Stelle [32]) desselben Schriftstellers geltend, die mit

---

30) Rubino, de tribunitia potestate, p. 44.

31) Val. Max. III, 7, 3: *Annonae caritate increbrescente, C. Curiatius, tribunus plebis, productos in concionem consules compellebat, ut de frumento emendo atque ad id negotium explicandum mittendis legatis in curiam referrent.* Ausserdem beruft sich Rubino noch auf folgende Stelle aus den sogenannten Dodwell'schen Fragmenten der acta diurna vom Jahre 585: *III Kal. Aprileis. Fasces penes Aemilium. Lapidibus pluit in Veienti. Postumius trib. pleb. viatorem misit ad cos., quod is eo die senatum noluisset cogere. Intercessione Decimii trib. pleb. res est sublata.* Diese Stelle wäre allerdings schwer zu beseitigen, und es liessen sich auch noch andere schöne Sachen aus diesen Fragmenten beweisen, wie z. B. der Zeitpunkt, wann zuerst die *edicta perpetua* entstanden sind. Indessen ist die Unächtheit dieser Fragmente schon von Wesseling, probabilium liber sing. c. 39 und von Ernesti in einem Excurs zu Suet. Caes. 20 so schlagend bewiesen, dass ein begründeter Zweifel dagegen nicht erhoben werden kann. Es ist hier nicht der Ort, auf diesen Gegenstand näher einzugehen, und namentlich die Gründe für die Aechtheit, welche Lieberkühn in seinem Buche, Vindiciae librorum iniuria suspectorum, Leipzig 1844, anführt, einer Prüfung zu unterwerfen; so viel kann ich aber versichern, dass seine Rechtfertigung der oben angeführten Stelle durchaus nichtssagend ist. Ueber den ganzen Gegenstand verweise ich auf die Abhandlung von Schmidt, das Staatszeitungswesen der Römer, in der Zeitschrift für Geschichtswissenschaft, im 1sten Jahrgang p. 314.

32) Liv. XLII, 21.

Rubino's Ansicht schlechterdings nicht zu vereinen ist. Sie lautet so: *Hoc consensu patrum accensi M. Marcius Sermo et Q. Marcius Scylla, tribuni plebis, et consulibus multam se dicturos nisi in provinciam exirent denuntiarunt, et rogationem, quam de Liguribus deditis promulgare in animo haberent, in senatu recitarunt. --- Ex auctoritate deinde senatus eam rogationem promulgarunt.* Die Consuln waren gegen den tribunicischen Gesetzentwurf, und hatten sich vorher entschieden geweigert, einen ähnlichen Antrag an den Senat zu bringen; auch jetzt also werden sie keinenfalls den Senat für die Tribunen berufen und noch weniger über den verhassten Gesetzentwurf referirt haben. Nun war aber darüber wirklich referirt worden, denn sonst hätte nicht darüber verhandelt und nicht von Livius gesagt werden können: *ex auctoritate senatus eam rogationem promulgarunt;* es müssen folglich die Tribunen in jener Zeit das ius referendi gehabt haben.

Somit bleibt es bei unserer Annahme, dass den Tribunen das ius referendi nicht zustand, so lange sie auf die angegebene Weise verfuhren. Leider findet sich nun aber davon kein jüngeres Beispiel als das angeführte vom Jahr 345, und ebensowenig von der Ausübung des ius referendi ein älteres als das vom Jahr 538. Noch immer sind es also fast 200 Jahre, in denen die in Rede stehende Veränderung eingetreten sein kann. Unsere Quellen verlassen uns, und wieder einmal sind wir darauf angewiesen, aus dem Ganzen der römischen Verfassung das fehlende Glied zu ergänzen.

Von den Consuln L. Valerius und M. Horatius, welche unmittelbar nach dem Sturz der Decemvirn im Jahre 305 das Amt verwalteten, erzählt Liv. III, 55: *Omnium primum, cum veluti in controverso iure esset tenerenturne patres plebiscitis, legem centuriatis comitiis tulere, ut quod tributim plebes iussisset populum teneret; qua lege tribuniciis rogationibus telum acerrimum datum est.*

Dies Gesetz wurde dann noch zweimal mit denselben Worten erneuert: zuerst vom Dictator Q. Publilius im Jahr 415 [33]), nachher im Jahr 468 vom Dictator Q. Hortensius [34]). Ohne Zweifel hat eine solche Wiederholung für uns, die wir die Veranlassung dazu nicht kennen, etwas sehr Auffallendes; indessen unerhört ist sie in der römischen Geschichte keineswegs, da ganz dasselbe z. B. mit den Gesetzen über die Provocation unzweifelhaft geschah [35]). Es würde also die Annahme einer einfachen Erneuerung des Gesetzes durchaus gerechtfertigt sein, so weit sie nur von diesen Stellen abhängt [36]). Wollte man sich aber damit nicht zufrieden geben, so könnte man die Unterschiede der drei Gesetze doch nur in der irgendwie erweiterten Geltung der Plebisscite, oder etwa nach der Analogie der Porcischen Gesetze in der mehr und mehr verschärften Strafe für die Uebertreter suchen; denn nur bei einer von diesen Voraussetzungen würde es erklärlich sein, dass der Inhalt aller drei Gesetze mit ganz gleichen

---

33) Liv. VIII, 12: *Tres leges secundissimas plebei, adversas nobilitati tulit: unam ut plebisscita omnes Quirites tenerent.*

34) Liv. epit. 11: *Q. Hortensius dictator, cum plebs secessit in Janiculum, legem in Esculeto tulit, ut quod ea iussisset omnes Quirites teneret.* Vgl. Plin. N. H. XVI, 10. Gell. XV, 27.

35) Cic. de rep. II, 31: *Valerius Publicola legem ad populum tulit - -, ne quis magistratus civem Romanum adversus provocationem necaret neve verberaret. - - - L. Valerii Potiti et M. Horatii Barbati consularis lex sanxit, ne quis magistratus sine provocatione crearetur. Neque vero leges Porciae, quae tres sunt trium Porciorum, ut scitis, quicquam praeter sanctionem attulerunt novi.* — Liv. X, 9: *M. Valerius consul de provocatione legem tulit diligentius sanctam. Tertia ea tum post reges exactos lata est, semper· a familia eadem. Causam renovandae saepius haud aliam fuisse reor, quam quod plus paucorum opes quam libertas plebis poterant.* Die übrigen Stellen findet man zusammengestellt in Baiters Index legum in der Orelli'schen Ausgabe des Cicero.

36) Peter, Epochen der röm. Verfassungsgeschichte p. 94 hält die lex Hortensia wirklich für eine blosse Wiederholung der lex Publilia; in Betreff der letztern theilt er aber Niebuhrs Ansicht.

Worten uns überliefert wird. Nähme man dagegen Niebuhrs Ansicht an ³⁷), wornach die Plebisscite, um Gesetzeskraft zu erlangen, nach dem Valerischen Gesetz eines Probuleuma des Senats und einer Bestätigung durch die Curien, nach dem Publilischen nur des erstern und nach dem Hortensischen auch dieses nicht mehr bedurften; so würde man schon in grosser Verlegenheit sein, nur die Vereinbarkeit dieser Annahme mit den Worten der Gesetze nachzuweisen, weil dann die alten Geschichtschreiber unbegreiflicherweise gerade das characteristische Merkmal der einzelnen Gesetze ausgelassen haben müssten, ganz ausser Stande aber würde man sein, einen Beweis für die Richtigkeit der Annahme in den Worten der Gesetze zu entdecken. Ich rede hier nur von dem Vorbeschluss des Senats, und nur insoweit bekämpfe ich Niebuhrs Ansicht, als sie die Nothwendigkeit einer solchen *patrum auctoritas* zur Gültigkeit der Plebisscite bis zur Zeit der lex Hortensia behauptet. Meine Ansicht geht nämlich dahin, dass die legislativen Plebisscite eines Probuleuma des Senats nicht bedurft haben, und dass sie dennoch seit der lex Valeria für alle Bürger verbindlich waren oder wenigstens es sein sollten. Natürlich kann ich auch in dieser Beschränkung meinen Satz an diesem Orte nicht erschöpfend beweisen, ohne von meinem Plane mehr, als zu rechtfertigen wäre, abzuweichen. Da es indessen nach den Worten des Valerischen Gesetzes nicht wohl bezweifelt werden kann, dass rechtmässig zu Stande gekommene Plebisscite für alle Bürger jetzt Gesetzeskraft hatten, so kann auch der erste Theil des Satzes, die Entbehrlichkeit der senatus auctoritas, ohne grosse Weitläufigkeit genügend begründet werden. Es wird dies nämlich geschehen sein, wenn keine Stelle vorkommt, welche die Nothwendigkeit der senatus auctoritas bei Plebissciten be-

---

37) Niebuhr, röm. Gesch. II, p. 414 flgd.

hauptet, und sobald ein einziges Beispiel gefunden ist, dass ein Plebisscit der patrum auctoritas entbehrte, ohne darum an seiner Gültigkeit zu verlieren.

Was nun die erstere Anforderung betrifft, so hat zwar Niebuhr und noch mehr Walter [38]) eine Menge Beispiele davon angeführt, dass die Tribunen einen Gesetzentwurf *ex auctoritate senatus* an die Plebs brachten; alle diese Beispiele beweisen aber nichts, denn niemand läugnet ja, dass es den Tribunen oft, ja in der Regel wünschenswerth sein musste, die gewichtige Beistimmung des Senats für ihren Antrag zu gewinnen. Die eigentliche Aufgabe, ein Beispiel zu finden, dass die Tribunen einen Antrag darum, weil er die patrum auctoritas nicht erhielt, wider ihren Willen aufgeben müssen, hat Niebuhr nicht erkannt, und erst Peter [39]), der die Nothwendigkeit der senatus auctoritas sogar bis zum Jahr 654 bestehen lässt, hat sie zu lösen unternommen. Richtig unterscheidet er die Stellen, in welchen die senatus auctoritas als nothwendig sich zeigen soll, von denen, in welchen sie allerdings eingeholt wird, ohne dass es darum klar wird, ob es nicht auch ohne sie gegangen wäre. Unter den Stellen der erstern Art stellt er obenan die folgende des Plutarch im Leben des Marius c. 4: Ἐν τῇ δημαρχίᾳ νόμον τινὰ περὶ ψηφοφορίας γράφοντος τοῦ Μαρίου, - - - ἐνιςάμενος Κόττας ὁ ὕπατος συνέπεισε τὴν βουλὴν τῷ μὲν νόμῳ μάχεσθαι, τὸν δὲ Μάριον καλεῖν λόγον ὑφέξοντα. Καὶ τοῦ δόγματος τούτου γραφέντος, εἰσελθὼν ἐκεῖνος - - - ἠπείλησε τὸν Κότταν ἀπάξειν εἰς τὸ δεσμωτήριον, εἰ μὴ διαγράψεις τὸ δόγμα. Wie diese Stelle aber für ihn sprechen soll, kann ich um so weniger begreifen, da ich, ehe mir sein Buch zu Gesicht kam, ebendiese für meine Ansicht anführen wollte. So wie ich nämlich die Stelle verstehe, brachte Marius seinen Gesetzentwurf ein

---

38) Walter, röm. Rechtsgeschichte, p. 110 und 131.
39) Peter, a. a. O. p. 102 folgd.

ohne Genehmigung des Senats, und er erlangte diese auch nachher nicht, denn διαγράφειν τὸ δόγμα und προήχατο τὸ δόγμα übersetze ich nicht „der Senat gewährte das Probuleuma," sondern „der Senat gab den vorher gefassten Beschluss auf," welcher wahrscheinlich so lautete: *Si Marius eam legem ad plebem ferat, contra rempublicam videri eum facturum.* Noch schlimmer, wenn es möglich ist, geht es mit den drei andern Stellen: Liv. XXXVIII, 36: *De Formianis - - C. Valerius Tappo tribunus plebis promulgavit, ut iis suffragii latio esset. Huic rogationi quatuor tribuni plebis, quia non ex auctoritate senatus ferretur, cum intercederent, edocti populi esse, non senatus, ius suffragium quibus velit impartiri, destiterunt incepto. Rogatio perlata est;* — Cic. de sen. 4: *Q. Fabius consul - - C. Flaminio tribuno plebis quoad potuit restitit agrum Picentem et Gallicum viritim contra senatus auctoritatem dividenti;* — und Liv. XXI, 63: *Q. Claudius tribunus plebis adversus senatum, uno patrum adiuvante C. Flaminio legem tulerat cet.* Freilich konnten die beiden letztern Gesetzentwürfe nur auf gewaltsamen Wege durchgesetzt werden, dies zeigt aber noch nicht, dass das Verfahren der Tribunen ungesetzlich war, denn oft genug sind sie ja genöthigt gewesen, gewaltsame Massregeln da anzuwenden, wo sie vollkommen in ihrem Rechte waren. Die Hauptsache bleibt immer, dass diese Plebisscite ohne Genehmigung des Senats durchgingen und dass sie dessenungeachtet in unangefochtener Geltung blieben, und dies lässt sich in beiden Fällen nicht wegläugnen. Ebenso ist es unzweifelhaft, dass das in der ersten Stelle angeführte Plebisscit ohne senatus auctoritas zu Stande kam; dass aber vier Tribunen intercediren wollten, weil sie nicht eingeholt war, spricht nicht für Peter, sondern zeigt vielmehr, dass die senatus auctoritas nicht erforderlich war, denn sonst hätte es nicht des tribunicischen Einspruchs bedurft, um ein ohne sie zu Stande gekommenes Plebisscit ungültig zu machen.

So hat sich uns der Beweis für die Nothwendigkeit der senatus auctoritas als unzureichend erwiesen, und es kommt nun darauf an, einige Stellen anzuführen, welche ihre Entbehrlichkeit darthun. Ich werde mich dabei auf die Zeit vor der lex Hortensia beschränken, denn nach dieser Zeit finden sich so viele Stellen, dass es nicht der Mühe lohnt sie namhaft zu machen [40]). Unter jenen erstern aber ist ohne Zweifel die schlagendste die folgende aus Dionys IX, 41: Τίς δὲ τούτων διαφορὰ τῶν ἀρχαιρεσίων, ἐγὼ σημανῶ. Τὰς μὲν φρατριακὰς ψηφηφορίας ἔδει, προβουλευσαμένης τῆς βουλῆς, καὶ τοῦ πλήθους κατὰ φρατρίας τὰς ψήφους ἐπενέγκαντος, καὶ μετ' ἀμφότερα ταῦτα τῶν παρὰ τοῦ δαιμονίου σημείων τε καὶ οἰωνῶν μηδὲν ἐναντιωθέντων, τότε κυρίας εἶναι· τὰς δὲ φυλετικὰς, μήτε προβουλεύματος γινομένου, μήτε τῶν ἱερέων τε καὶ οἰωνοσκόπων ἐπιθεσπισάντων, ἐν ἡμέρᾳ μιᾷ τελεσθείσας ὑπὸ τῶν φυλετῶν τέλος ἔχειν. Wie Dionysius das Verhältniss auffasste, kann nach dieser Stelle nicht zweifelhaft sein; dass seine Ansicht aber auf Thatsachen beruhte, werden folgende Stellen zeigen: Livius III, 63: *Ubi cum ingenti consensu patrum negaretur triumphus* (consulibus), *L. Icilius tribunus plebis tulit ad populum de triumpho consulum. --- Omnes tribus eam rogationem acceperunt. Tum primum sine auctoritate patrum, populi iussu triumphatum est.* — Liv. V, 30: *Camillus senatum incitare adversus legem haud desistebat: ne aliter descenderent in forum cum*

---

40) Nur an eine Stelle des Polybius will ich erinnern, in welcher er darthun will, inwiefern die Gewalt des Volks den Senat beschränke. Er sagt VI, 16: ἐάν τις εἰσφέρῃ νόμον, ἢ τῆς ἐξουσίας ἀφαιρούμενός τι τῆς ὑπαρχούσης τῇ συγκλήτῳ κατὰ τοὺς ἐθισμοὺς, ἢ τὰς προεδρίας καὶ τιμὰς καταλύων, ἢ καὶ νὴ Δία ποιῶν ἐλαττώματα περὶ τοὺς βίους· πάντων ὁ δῆμος γίγνεται τῶν τοιούτων καὶ θεῖναι, καὶ μὴ, κύριος. Die Beschränkung des Senats wäre offenbar keine, und die Befugniss des Volks nichtig gewesen, wenn dergleichen Anträge der Bewilligung des Senats bedurft hätten, ehe sie an das Volk zur Abstimmung gebracht werden konnten.

dies ferendae legis venisset, quam ut qui meminissent sibi pro aris focisque - - - dimicandum fore. - - - His adhortationibus principis concitati patres, senes iuvenesque, cum ferretur lex, agmine facto in forum venerunt. - - Quia non vi agebant, sed precibus, religiosum parti maximae fuit, et legem una plures tribus antiquarunt quam iusserunt. — Liv. VII, 16: *Haud aeque laeta patribus - - - de unciario foenore a M. Duilio, L. Maenio tribunis plebis rogatio est perlata.* — Liv. IV, 48: *Cum rogationem promulgassent* (tribuni), *ut ager ex hostibus captus viritim divideretur, - - - atrox plebi patribusque propositum videbatur certamen, nec tribuni militum, nunc in senatu, nunc in conciliis privatis principum cogendis, viam consilii inveniebant. - - - Eae orationes a primoribus patrum habitae sunt, ut pro se quisque iam nec consilium sibi suppetere diceret, nec se ullam opem cernere aliam usquam praeterquam in tribunicio auxilio.* Warum verweigerten sie nicht ihre Zustimmung, wenn dies hinreichend war, das Plebisscit nicht zu Stande kommen zu lassen? — Die Licinischen Gesetze sind nach meiner Ansicht ohne senatus auctoritas durchgegangen [41]), unzweifelhaft aber war im Jahr vorher ein Probuleuma noch nicht erlassen worden. Dennoch heisst es von diesem Jahre bei Liv. VI, 39: *Ab tribunis concilio plebis habito, apparuit quae ex promulgatis plebi, quae latoribus gratiora essent: nam de foenore atque agro rogationes iubebant, de plebeio consulatu antiquabant. Et perfecta*

---

41) Liv. VI, 42: *Per ingentia certamina dictator senatusque victus, ut rogationes tribuniciae acciperentur; et comitia consulum adversa nobilitate habita, quibus L. Sextius de plebe primus consul factus. Et ne is quidem finis certaminum fuit. Quia patricii se auctores futuros negabant* cet. Dass die Verweigerung der auctoritas allerdings vom Senat zu verstehen ist, dass sie sich aber nicht auf das Plebisscit, sondern auf die Wahlcomitien bezieht; dies habe ich nachgewiesen in einer Recension des Beckerschen Handbuchs der römischen Alterthümer, in den Jahrbüchern für wissenschaftliche Kritik, Jahrgang 1845, p. 621 folgd.

utraque res esset, ni tribuni se in omnia simul consulere plebem dixissent. Woran lag es denn hier, dass das Plebisscit nicht zu Stande kam? Sicherlich doch nicht an der mangelnden senatus auctoritas. — Durch diese Stellen, deren Zahl ich leicht vermehren könnte, wenn der Zweck dieser Abhandlung ein längeres Verweilen bei diesem Gegenstande gestattete, glaube ich meinen Satz hinlänglich gerechtfertigt zu haben, um nun bei dem Fortgang der Untersuchung von ihm Gebrauch machen zu können.

Unmittelbar nach dem Sturz der Decemvirn war die Stellung, welche die Plebejer den Patriciern gegenüber einnahmen, überaus stark. Da durch den Besitz des ius intercedendi die Tribunen jede legislative und administrative Massregel des Senats zu hemmen vermochten, war den Patriciern nicht nur jedes Mittel, ihre Macht durch neue Gesetze zu erweitern, genommen, sondern es konnte auch ihr Widerstand gegen ihnen missfällige Gesetze leicht gebrochen werden. Da ferner durch die lex Valeria die Plebisscite, die keiner vorangehenden senatus auctoritas bedurften, verbindliche Kraft auch für die Patricier erhalten hatten, so war kein Vorrecht der Patricier mehr vor den tribunicischen Angriffen gesichert, und nur indirecte Mittel, wie die Aushebung, die Störung der Abstimmung, die Intercession anderer Tribunen, blieben jenen, solche Angriffe zurückzuweisen. Unter solchen Umständen konnte es nicht fehlen, dass nach und nach die ganze Gesetzgebung, so weit sie wenigstens Parteiinteressen betraf, den Tribunen und den Tributcomitien anheimfiel. Dann aber konnte kein solches Gesetz mehr durchgesetzt werden, ohne dass es zu Gewaltthaten gekommen wäre. Hierzu gesellte sich noch der grosse Uebelstand, dass so gerade die wichtigsten Gesetze beantragt und angenommen wurden ohne vorausgegangene gründliche Prüfung, zu welcher eine von Leidenschaften bewegte Volksversammlung niemals geschickt ist. Die Wiederherstellung der alten Sitte, nur gründlich geprüfte Gesetzesvorschläge an das Volk zu bringen, war sicher ein dringendes Bedürfniss, und keine Behörde gab es, die berechtigter und geeigneter sie anzustellen gewesen wäre, als der Senat.

So lange indess die Stände sich schroff einander gegenüber standen, und die Patricier die bei weitem überwiegende Macht im Senat besassen, war an eine Abstellung dieses Missverhältnisses nicht zu denken. Denn weder die Tribunen konnten geneigt sein, die Begutachtung ihrer Anträge einer Körperschaft zu überlassen, die von vornherein dagegen gestimmt war, noch konnte es selbst dem Senat wünschenswerth sein, dass ihm solche Anträge zur Berathung überwiesen würden, da er durch eine ablehnende Antwort nutzlos die Erbitterung der Plebs gesteigert, durch seine Zustimmung aber sich für andere Widerstandsmittel die Hände gebunden haben würde. Als nun aber die Plebejer durch die Licinischen Gesetze sich die Wählbarkeit zum Consulat und bald darauf auch zu den übrigen curulischen Aemtern [42]), und damit eine stärkere Vertretung im Senat erkämpft hatten, als der Senat aus dem Organ einer Partei immer mehr eine Rathsversammlung des gesammten Volkes wurde; da stand nichts mehr im Wege, ihn seiner alten Bestimmung, die vorberathende Behörde, gleichsam die Intelligenz des Volks zu sein, zurückzugeben. Man hatte jetzt die Wahl, die Centuriatcomitien nach alter Sitte wieder zum Hauptorgan der Gesetzgebung zu machen, oder sie den Tributcomitien zu überweisen, welche dies Recht seit so langer Zeit thatsächlich ausgeübt hatten. Der schleppende Geschäftsgang in den erstern Comitien, die fast ununterbrochene anderweitige Beschäftigung ihrer natürlichen Vorsitzer, der Consuln, endlich die Unmöglichkeit den Tri-

---

42) Dass auch schon vorher die Plebejer zum consularischen Kriegstribunat wählbar waren, konnte auf die Zusammensetzung des Senats keinen wesentlichen Einfluss haben. S. oben p. 16.

bunen die Beantragung der Gesetze, welche sie wünschten zu entziehen; alles dies liess die Entscheidung zu Gunsten der Tributcomitien ausfallen, und diese wurden jetzt der Mittelpunkt, wo beinahe alle wichtigen Angelegenheiten des Staats beschlossen wurden. Um nun aber Einfluss auf ihre Entscheidungen zu gewinnen, war es nicht genug, den Tribunen den Zutritt zum Senat in der bisherigen Weise zu lassen; man musste ihnen auch das ius referendi zugestehen, damit sie die Gesetzentwürfe, die sie an das Volk zu bringen Willens wären, ohne Schwierigkeit vorher der Prüfung des Senats unterwerfen könnten. Dass dann die Tribunen von dieser Befugniss nicht Gebrauch machen möchten, war keineswegs zu fürchten; denn auch ihnen musste sehr viel daran gelegen sein, sich der Zustimmung einer Versammlung zu versichern, welche nicht mehr von vornherein Allem, was von ihnen ausging, entgegentrat, und deren schon vorher grosser Einfluss auf das Volk ebendeshalb um vieles gewachsen war. So führte das Interesse beider Theile dahin, dass die Tribunen das ius referendi erhielten, und es ist kein Grund zu zweifeln, dass dies geschehen ist, sobald es nur irgend die Stellung der Parteien zu einander gestattete.

Es war aber noch ein anderer Umstand, der den Senat zu dieser Bewilligung veranlassen konnte. Ursprünglich war der höchste Magistrat, das Consulat, überaus unabhängig vom Senat gestellt [43]): nur über Anträge, welche die Consuln machten oder aufnahmen, und nur in der von diesen beliebten Fassung konnte der Senat berathen und abstimmen, und kein Mittel stand ihm zu Gebote, die Befolgung auch nur so zu Stande gekommener

---

43) Rubino, Untersuchungen über röm. Verfassung und Geschichte p. 158 folgd. — Besonders hervorzuheben sind die Worte des Consuls L. Postumius Megellus im Dionys, fragm. XVI, 16: οὐ τὴν βουλὴν ἄρχειν ἑαυτοῦ, ἕως ἐστὶν ὕπατος, ἀλλ' αὐτὸν τῆς βουλῆς.

Beschlüsse zu erzwingen. Schon früh hatte er daher, um sein Ansehn aufrecht zu erhalten, die Hülfe der Tribunen in Anspruch nehmen und durch das diesen zustehende Anklagerecht die Hartnäckigkeit der Magistrate brechen müssen [44]). Damit war allerdings viel gewonnen; immer noch blieb aber dem Consul, wenn er sonst sein Vorschlagsrecht geschickt anzuwenden verstand, die Möglichkeit, dem unzweifelhaften Willen des Senats zuwider zu handeln, ohne irgend einen bestimmten Senatsbeschluss zu verletzen. Wohl begreiflich wäre es also, wenn auch in dieser Rücksicht der Senat sich vor der Willkühr der Consuln zu sichern gestrebt hätte; dieser Zweck aber konnte schwerlich durch irgend ein Mittel so gut erreicht werden, als dadurch, dass er einem Magistrat, der unabhängig von den Consuln und ihnen seiner ganzen Stellung nach entgegengesetzt war, die Macht verlieh, ein von diesen unterdrücktes Gutachten eines Senators zur Geltung und einen von ihnen absichtlich unbeachtet gelassenen Gegenstand zur Sprache zu bringen [45]), kurz dass er den

---

44) Liv. IV, 26: *Senatui dictatorem dici placuit. - - Quum alia aliis terribiliora afferrentur, nec in auctoritate senatus consules essent, Q. Servilius Priscus, Vos, inquit, tribuni plebis, quoniam ad extrema ventum est, senatus appellat, ut in tanto discrimine reipublicae dictatorem dicere consules pro potestate vestra cogatis.* Zwei ganz ähnliche Fälle werden erzählt von Liv. IV, 56 und V, 9.

45) Dass dieser Fall wohl eintreten konnte, und dass das Mittel seinem Zwecke entsprach, zeigen unter andern folgende Beispiele: Liv. XLII, 21: *Consules ad id tempus in provinciam non exierant, quia neque uti de M. Popillio referrent senatui obsequebantur, et nihil aliud decernere prius statutum patribus erat. - - - Hoc consensu patrum accensi M. Marcius Sermo et Q. Marcius Scylla, tribuni plebis, et consulibus multam se dicturos nisi in provinciam exirent denuntiarunt, et rogationem, quam de Liguribus deditis promulgare in animo haberent, recitarunt.* Ich habe oben gezeigt, dass unter diesem *recitare* eine Relation zu verstehen ist. — Cic. ad fam. X, 16: *Flagitare senatus instituit Cornutum ut referret statim de tuis literis. Ille se considerare velle. Cum ei magnum convicium fieret cuncto a senatu, quinque tribuni plebi retulerunt.* — Tac. Ann. XV, 22: *Magno assensu celebrata sententia, non tamen senatusconsultum perfici potuit, abnu-*

Tribunen das ius referendi zugestand. Auch dieses aber konnte erst dann geschehen, als die Tribunen aus Beschützern der Plebs Vertreter der ganzen Nation geworden waren.

Dieses sind die Gründe, worauf sich meine Behauptung stützt, dass mit den Licinischen Gesetzen oder doch nicht lange nach ihnen den Tribunen das ius referendi und damit ein Sitz in der Curie selbst zugestanden worden sei. Sind sie zureichend, so haben wir den Anfangspunkt unserer dritten Periode, oder der zweiten des Zonaras, gefunden, und können nun den Fortschritt ins Auge fassen, welchen Zonaras als den nächsten angiebt mit den Worten: εἰσέπειτα καὶ μετέλαβον τῆς βουλείας οἱ δημαρχήσαντες.

Durch die Licinischen Gesetze hatte sich die Stellung der Tribunen gänzlich geändert. Noch immer dem Namen nach Vertheidiger und Vorkämpfer der Plebs, waren sie jetzt in der Wirklichkeit ein Magistrat der Nation, wie jeder andere, denn der Feind war verschwunden, gegen den sie zu kämpfen gehabt hatten. Dennoch blieben sie im Besitz der Mittel, welche nur ihre frühere Stellung ihnen verschafft hatte. Noch immer war ihre Person geheiligt, noch immer waren sie Niemandem unterworfen und selbst die Auctorität des Senats, der sich sonst alle Magistrate beugen mussten, war für sie nur so lange verbindlich, als sie selbst es wollten. Allerdings standen sie also der Form nach noch immer dem Senat beschränkend gegenüber; thatsächlich aber waren sie mit ihm aufs Engste verbunden, denn aus den vornehmsten plebejischen Familien gewählt, waren sie bestimmt, einst die curulischen Würden zu verwalten und in Verbindung mit eben den Männern, die sie jetzt bekämpfen sollten, die Geschäfte

---

entibus consulibus ea de re relatum. Einige andere Beispiele findet man oben auf S. 94.

des Staats zu leiten⁴⁶). Als daher in Folge eben jener Gesetze⁴⁷) der Senat anfing, aus den abgehenden Magistraten regelmässig ergänzt zu werden, konnten auch die gewesenen Tribunen dabei nicht unberücksichtigt bleiben. Wie die Quästur, welche sicher die Tribunen oft schon bekleidet hatten, und wie das Amt der Aedilen, das an wirklicher Macht weit zurückstand, musste auch das Tribunat seinen Inhabern ein Anrecht geben, bei der nächsten senatus lectio, wenn sonst kein Hinderniss war, von den Censoren in den Senat aufgenommen zu werden. Dass aber die Tribunen kraft ihrer bevorrechteten Stellung einen Vorzug vor jenen niedern Beamten gehabt und als tribunicii, noch ehe sie von den Censoren förmlich aufgenommen waren, das *ius sententiae in senatu dicendae* besessen hätten, dies ist keinenfalls anzunehmen, denn eben jene bevorrechtete Stellung hätte sie ja streng genommen ganz vom Senat ausschliessen müssen.

Nach dem Allen wäre das Verhältniss der Tribunen zum Senat in dieser Zeit so zu bestimmen: Wie alle Magistrate hatten die Tribunen während der Dauer ihres Amtes das Recht in den Senatsversammlungen anwesend zu sein, und eben so wie diese waren sie nicht ordentliche Mitglieder des Senats, bevor sie nicht von den Censoren förmlich aufgenommen waren. Sie waren einerseits den höhern Magistraten gleichgestellt, dadurch dass sie das *ius referendi* und das *ius intercedendi* besassen; sie standen andrerseits auf gleicher Stufe mit den niedern

---

46) Sicher war, ehe sich die Nobilität ausgebildet hatte, das Tribunat noch lange die Stufe, von der aus sich begabte Plebejer zu den curulischen Würden emporschwangen. *Non esse modestiae populi Romani*, klagen Licinius und Sextius bei Livius VI, 39, *id postulare ut ipse foenore levetur et in agrum iniuria possessum a potentibus inducatur; per quos ea consecutus sit, senes tribunicios non sine honore tantum, sed etiam sine spe honoris relinquat.*

47) S. oben p. 15 folgd.

Magistraten, indem auch die Verwaltung ihres Amtes das *ius sententiae dicendae* nicht verlieh.

Wiederum hat sich also Zonaras als Führer bewährt, und nur darin scheinen wir ihm nicht unbedingt folgen zu können, dass er diesen Fortschritt nicht mit der Erwerbung des ius referendi zusammen geschehen sein lässt, sondern dafür einen spätern Zeitpunkt annimmt und so eine Periode mehr, als wir, gewinnt. Allerdings müssen auch wir anerkennen, dass das Anrecht der gewesenen Tribunen, in den Senat aufgenommen zu werden, später als die Sitze innerhalb der Curie erworben sein wird, und selbst das müssen wir zugeben, dass ein früheres Beispiel von dem Bestehen jenes Rechts nicht vorhanden ist, als das folgende aus der Zeit des zweiten Punischen Kriegs⁴⁸): *Recitato vetere senatu, inde primos in demortuorum locum legit, qui post L. Aemilium et C. Flaminium censores curulem magistratum cepissent, necdum in senatum lecti essent, ut quisque eorum primus creatus erat; tum legit qui aediles, tribuni plebei quaestoresve fuerant.* Indessen jene beiden Rechte hängen so genau zusammen, dass man ihre Erwerbung nicht wohl durch einen langen Zeitraum geschieden denken kann. Dazu ist der Ausdruck des Zonaras εἰσέπειτα sehr unbestimmt, und widerspricht nicht geradezu unserer Auffassung. Wir werden also schwerlich uns weit von der Wahrheit entfernen, wenn wir die Erwerbung beider Rechte gleichzeitig geschehen sein lassen, und hierin das charakteristische Merkmal derjenigen Entwickelungsstufe finden, welche die Tribunen in Folge der Licinischen Gesetze erreichten.

Somit bleibt uns nur noch die vierte und letzte Erweiterung des tribunicischen Rechts auf Theilnahme am Senat zu betrachten übrig. Hätte diese blos darin bestan-

---

48) Liv. XXIII, 23.

den, worin sie Zonaras findet, dass nämlich nun auch Senatoren sich um das Tribunat beworben hätten, so wäre das eigentlich gar nicht eine Erweiterung zu nennen, denn von der Verwaltung des Tribunats waren auch in der dritten Periode die Senatoren weder durch ein Gesetz noch thatsächlich ausgeschlossen. [49]). Indessen wir haben eine Nachricht, dass irgend einmal den Tribunen das Recht eines wirklichen Senators verliehen worden sei, und zwar durch ein ausdrückliches Plebisscit. Dies ist das bekannte Plebisscitum Atinium, dessen Abfassungszeit schon lange ein Gegenstand des Streites ist, und dessen Inhalt vielleicht noch mehr verdiente, es zu werden. Nur eine Stelle haben wir, in welcher dieses Gesetzes Erwähnung geschieht; sie findet sich bei Gellius XIV, 8, und lautet vollständig so:

Praefectum urbi Latinarum causa relictum senatum habere posse Iunius negat, quoniam ne senator quidem sit neque ius habeat sententiae dicendae, cum ex ea aetate praefectus fiat quae non sit senatoria. M. autem Varro in quarto epistolicarum quaestionum et Atteius Capito in coniectaneorum ducentesimo quinquagesimo nono ius esse praefecto senatus habendi dicunt; deque ea re assensum esse Capitonem Tuberoni contra sententiam Iunii refert: Namque et tribunis, inquit, plebis senatus habendi ius erat, quamquam senatores non essent ante Atinium plebisscitum.

Man sieht, dass der Inhalt des Gesetzes nur ganz im Allgemeinen angegeben wird, und dass über die Entstehungszeit desselben eine Andeutung gar nicht zu finden ist. Deshalb haben in neuerer Zeit zwei Gelehrte dies Plebisscit zum Gegenstand einer speciellen Untersuchung

---

49) Berechtigte die Verwaltung der Quästur zur Aufnahme in den Senat, so hätte z. B. der öfter erwähnte Metellus, welcher vor seinem Tribunat Quästor gewesen war, ganz wohl Senator sein können, als er sich um jenes Amt bewarb.

gemacht; zuerst Rubino in seiner Schrift de tribunicia potestate p. 43—53, und neuerdings Merklin in einer Abhandlung: Ueber das Plebisscitum Atinium, in der Zeitschrift für Alterthumswissenschaft vom Jahre 1846, p. 875—880. Beide Männer sind über den Inhalt des Plebisscits vollkommen einverstanden; sie bestimmen ihn nämlich dahin, dass die Tribunen für die Zeit ihrer Amtsführung das Recht der Senatoren, und auch nach derselben bis zu ihrer förmlichen Aufnahme durch die Censoren das ius sententiae dicendae besitzen sollten. Auch in Betreff der Abfassungszeit des Gesetzes ist der Unterschied in ihren Ansichten von wenig Bedeutung. Bekanntlich hat man schon längst die Erzählung vom Tribun Atinius, welchen der Censor Metellus im Jahr 624 aus dem Senat stiess [50]), benutzt, um an ihn das zeitlose Plebisscit zu knüpfen. Nun hat zwar Rubino ausser der Namensgleichheit keinen Grund entdecken können, um gerade diesem das Plebisscit zuzuschreiben; andere Gründe aber und besonders eine Stelle des Plutarch im Leben des Gracchus c. 6 haben ihn bestimmt, die Annahme des Plebisscits ebenfalls in dies Jahr zu setzen oder sie doch nicht weiter als bis zum Tribunat des C. Gracchus hinauszuschieben. Dagegen hat Merklin gerade um dieser Stelle des Plutarch willen behauptet, das Gesetz sei zur Zeit des C. Gracchus noch nicht vorhanden gewesen, wohl aber nicht lange nachher gegeben worden. Er nimmt also

---

[50]) Die davon handelnden Stellen sind: Liv. epit. 59: *C. Atinius Labeo tribunus plebis Q. Metellum censorem, a quo in senatu legendo praeteritus erat, de saxo deiici iussit: quod ne fieret, ceteri tribuni plebis auxilio fuerunt.* — Plin. N. H. VII, 45: *Q. Metellus a C. Atinio Labeone - - -, quem e senatu censor eiecerat, ad Tarpeiam raptus cet.* — Cic. pro domo 47: *Atqui C. Atinius patrum memoria bona Q. Metelli, qui eum ex senatu censor eiecerat, consecrarit.* Was in diesen Stellen für ein Grund zu jener Behauptung liegt, kann ich durchaus nicht finden; es wird sich vielmehr im Verlauf der Untersuchung ergeben, dass dieser Atinius nicht der Urheber des Plebisscits gewesen sein kann.

Rubino's Beweis an, dass das Plebisscit nicht vor dem Jahre 624 gegeben sein könne, und schiebt nur die Entstehungszeit des Plebisscits noch weiter hinaus, weil er auch jene Stelle des Plutarch nicht mit dem Bestehen desselben vereinbar findet.

Was nun Rubino's Gründe betrifft, so beruhen sie im Wesentlichen auf den bereits S. 130 von mir besprochenen Stellen aus den actis diurnis und aus Valerius Maximus III, 7, 3. Dort wies ich nach, wie aus diesen Stellen keineswegs erhelle, dass damals die Tribunen das ius habendi senatus nicht gehabt hätten. Jetzt setze ich den Fall, was Rubino daraus ableitet, folge wirklich aus diesen Stellen; und frage nun, was ergiebt sich aus dieser Thatsache für die Zeitbestimmung unseres Plebisscits? Wenn ich nicht ganz irre, muss der Schluss, vermittelst dessen Rubino zu seiner Behauptung gelangt, so lauten [51]): In dem Jahre 616 hatten die Tribunen das ius habendi senatus noch nicht, wohl aber hatten sie es im Jahr 632; nun können sie, ohne dies Recht zu besitzen, nicht wohl Mitglieder des Senats gewesen sein; folglich kann das Plebisscit, wodurch sie dieses wurden, nicht vor 616 und nicht nach 632 gegeben worden sein. Gegen einen solchen Schluss erheben sich aber nicht unbedeutende Bedenken. Zuvörderst erinnere ich dagegen, dass der Besitz des ius referendi oder des ius habendi senatus [52]) nichts mit der Würde des

---

51) Rubino's Worte sind diese: Convocandi senatum ius non multo post institutam tribuniciam potestatem sibi vindicaverant: primus enim Icilius tr. pl., cum senatus auctoritatem ad legem de Aventino ferendam flagitaret, ipse quidem non ausus est senatum convocare, consules vero viatore misso ut convocarent patres coëgit. Quo iure etiamsi saepissime postea tribuni tamquam suo usi sunt, hoc nomine tamen, si quid recte video, neque referre iis ad senatum, neque sententiam in eo dicere licebat; cum illud certissimum sit, eos non fuisse ob hanc causam in senatorum numero habitos.

52) Dass diese beiden Rechte immer mit einander verbunden waren, darüber s. oben p. 97.

Senators zu schaffen hatte, denn kein Senator als solcher besass dieses Recht. Zweitens aber, und dies ist das Wichtigste, mache ich dagegen den Zusammenhang der ganzen Stelle des Gellius geltend, denn dieser scheint mir eine solche Schlussfolge nicht nur nicht zu unterstützen, sondern ihr sogar schnurstracks zu widersprechen. Wenn Capito dem Praefectus urbi, trotzdem dass er nicht Senator ist und auch nicht das ius sententiae dicendae besitzt, dennoch das ius habendi senatus zuspricht, und zwar aus dem Grunde, weil auch die Tribunen dasselbe gehabt hätten, obgleich sie vor dem plebisscitum Atinium nicht Senatoren waren; so kann zweierlei nicht zweifelhaft sein: erstens dass die Tribunen vor dem fraglichen Plebisscit das ius referendi besassen, denn dies ist eben Capito's Beweisgrund [53]), und zweitens dass sie durch jenes Plebisscit etwas anderes erhalten haben als dieses Recht. Es folgt also daraus, dass die Tribunen jenes Recht nicht besassen, allerdings das Nicht-Vorhandensein des Plebisscits; nicht aber daraus, dass sie es besassen, das Vorhandensein desselben.

Demnach müsste Rubino's Schluss von der angeblich ersten Ausübung des ius referendi auf das Bestehen des Atinischen Plebisscits für durchaus unhaltbar erklärt werden, auch wenn wir die späte Erwerbung jenes Rechts ihm zugeben könnten. Nun haben wir aber oben aus zwei Stellen des Livius und aus dem Entwickelungsgang

---

53) Auch Drumann in seiner römischen Geschichte III, p. 443 hat dies verkannt, wenn er sagt: „Vor dem Atinischen Gesetze waren die Tribune nicht einmal Senatoren; wenn ihnen also für frühere Zeiten senatus habendi ius zugeschrieben wird, so ist dies nur auf jenen Zwang (nämlich dass sie die Consuln nöthigten für sie den Senat zu berufen) als Missbrauch ihrer Gewalt zu beziehen." Von dem zweiten Irrthum aber, die Entstehungszeit des Gesetzes auch nach solchen Voraussetzungen so spät anzusetzen, hält er sich fern; denn er sagt ausdrücklich, dass nicht erst C. Atinius Labeo tr. pl. a. 624 als der Urheber desselben angesehen werden kann.

der ganzen römischen Verfassung erkannt, dass die Tribunen dies Recht zur Zeit des zweiten Punischen Kriegs besassen, und dass sie es wahrscheinlich unmittelbar nach den Licinischen Gesetzen erhalten haben. Wären in der Ausübung dieses Rechts also die senatorischen Functionen der Tribunen zu suchen, und wäre dieses Recht als eine durch jenes Plebisscit gemachte Erwerbung anzusehen, so müsste nothwendig eine sehr frühe Entstehungszeit desselben angenommen werden, und schwerlich würde es gelingen, die Schwierigkeiten zu entfernen, die mit einer solchen Annahme nothwendig verbunden sind.

Es kann aber der Inhalt des Plebisscits gar nicht die Bestimmung gewesen sein, welche Rubino und Merklin uns als solchen bezeichnen. Hätten nämlich die Tribunen durch das Gesetz blos die Rechte der Senatoren für die Dauer ihres Amtes und nachher das ius sententiae dicendae bis zur nächsten senatus lectio erhalten, so wären die Tribunen auch nach dem Gesetz mit nichten ordentliche Mitglieder des Senats gewesen, denn dies war niemand, der blos das ius sententiae besass, sondern man wurde es erst, wenn die förmliche Aufnahme in den Senat durch die Censoren vollzogen war. Nun behauptet aber Capito, die Tribunen wären nach dem Gesetz Senatoren gewesen; von vornherein müssten also jene Gelehrten in dem Ausdruck des Capito eine Ungenauigkeit annehmen, ein Verfahren, das nicht gerechtfertigt werden kann, wenn man nicht vorher alle Möglichkeiten versucht hat, ob nicht der strenge Wortsinn zu halten ist.

Nach den Worten des Capito muss es durch das Plebisscitum Atinium bewirkt worden sein, dass von dem an alle Tribunen Senatoren waren; auf welche Weise dies aber bewirkt worden ist, darüber erfahren wir durch dieselben nicht das Geringste. Es kann indess der Natur der Sache nach nur auf eine zwiefache Weise geschehen sein: entweder das Gesetz verordnete schlechthin, dass fortan alle Tribunen kraft ihrer Wahl Senatoren würden, womit dann natürlich zugleich bestimmt war, dass sie es auch für ihre Lebenszeit blieben; oder aber es verordnete, dass künftig nur Senatoren zum Tribunat wählbar wären. Beide Annahmen sind den Worten des Capito gleich angemessen; denn das, was diese allein angeben, die Wirkung des Gesetzes, dies wurde erreicht, mochte dasselbe so oder so gelautet haben. Wir haben also zwischen beiden Annahmen die Wahl, und die Entscheidung wird davon abhängen, ob die eine oder die andere mehr dem sonst bei der Bildung des Senats beobachteten Verfahren entspricht.

Betrachten wir zu diesem Ende zunächst die erste Voraussetzung, so erscheint sie uns in einer dreifachen Rücksicht als nicht angemessen. Zuerst würde es sehr befremden, wenn den Tribunen durch ihre Wahl ein Recht verliehen worden wäre, das sie eben dieser Wahl wegen nicht ausüben durften; denn das Recht ein Votum abzugeben, sei es mündlich oder bei der Discessio, dies eigentliche Kennzeichen eines Senators entbehrten ja, wie wir gesehen haben, die Tribunen so gut wie die übrigen Magistrate während der Dauer ihres Amtes. Zweitens würde eine Form, die zu allen Zeiten beobachtet wurde und die selbst nach Sulla, als sie alle wesentliche Bedeutung verloren hatte, noch beibehalten wurde, theilweise wenigstens beseitigt worden sein, wenn ausnahmsweise bei den Tribunen die senatorische Würde nicht von der censorischen Aufnahme abhängig gemacht worden wäre. Endlich lässt sich auch durchaus nicht absehen, was denn eigentlich das Gesetz mit einer solchen Verordnung bezweckt hätte. Was die Tribunen während ihrer Amtsführung vom Senat nur irgend wünschen konnten, alles dies liess sich, so weit es überhaupt möglich war, durch das ius referendi und intercedendi erreichen, und diese Rechte besassen die Tribunen auch vor dem Plebisscitum Atinium. Das ius sententiae dicendae aber in der Zwischenzeit von der Ausscheidung aus dem Amte bis zur nächsten senatus lectio stand den gewesenen Tribunen vor Sullas Dictatur so wenig zu, wie denen, die niedere Aemter bekleidet hatten; wie diese erhielten sie es aber durch Sulla und auch hierzu also bedurfte es nicht eines besonderen Gesetzes.

Alle diese Bedenken hat die zweite Voraussetzung nicht gegen sich, und andere habe ich wenigstens nicht entdecken können. Im Gegentheil ist eine derartige Verordnung noch am meisten übereinstimmend mit dem Kennzeichen, welches Zonaras von der letzten Entwickelungsstufe des in Rede stehenden tribunicischen Rechts angiebt: καὶ τέλος κἀκ τῶν βουλευτῶν τινες ἠξίωσαν δημαρχεῖν. Auch scheint sie der damaligen Sachlage sehr angemessen zu sein, und überdies keine grosse Veränderung herbeigeführt zu haben. Im Grunde bedurfte es nur einer Ausdehnung der lex Villia annalis auf das Tribunat, um die angegebene Wirkung hervorzubringen, und dass dies Gesetz schon vorher von den Bewerbern um das Tribunat beobachtet war, d. h. dass sie in der Regel bereits Quästoren gewesen waren, lässt sich nach den vielen vorkommenden Beispielen nicht wohl bezweifeln. Dass aber dies Gesetz in den spätern Zeiten der Republik auch förmlich auf das Tribunat ausgedehnt war, folgt aus den Worten des Ulpianus [54]: *Quaestura est ingressus et quasi primordium gerendorum honorum sententiaeque in senatu dicendae.* Wäre nämlich die Verwaltung der Quästur der des Tribunats nicht vorangegangen, die Quästur aber dennoch das *primordium sententiae dicendae* gewesen, so hätten die gewesenen Tribunen das ius sententiae dicendae entbehrt, was nicht der Fall war. Vorausgesetzt also, dass nach der Zeit, welche sich uns als die Entstehungszeit des Plebisscits ergeben wird, kein widerspre-

---

[54] L. I. §. 3 Dig. de officio quaestoris (I, 13).

chendes Beispiel vorkommt, müssen wir uns für unsere
zweite Voraussetzung entscheiden und damit die Ansicht
annehmen, welche im Wesentlichen bereits von Lipsius
aufgestellt, aber so mangelhaft bewiesen worden ist, dass
selbst das grosse Ansehn ihres Urhebers nicht im Stande
gewesen ist, ihr die Beistimmung auch nur eines der
neuern Gelehrten zu erwerben [55]).

Ist nun diese von der gewöhnlichen abweichende Auffassung des Gesetzes die richtige, so wird auch zur Er-
mittlung der Zeit, in welcher es gegeben worden ist, ein
anderer Weg eingeschlagen werden müssen. Nicht Beispiele von der Ausübung des ius referendi sind es, worauf
es hier ankommt; nur allein solche Stellen, in welchen
den Tribunen der Charakter eines Senators ausdrücklich
beigelegt oder abgesprochen wird, können die Sache entscheiden. Auch so aber ist die Verfahrungsart noch nicht
hinlänglich bestimmt. Es könnte nach den Worten des
Capito scheinen, als ob vor dem Atinischen Plebisscit kein
Tribun Senator gewesen sein könne, und dann würde jede
Erwähnung eines Tribuns, der Senator war, beweisen,
dass das Gesetz vorher gegeben sein muss. Dieser Schein
ist aber trügerisch. Capito vergleicht nicht die einzelnen
Präfecten mit den einzelnen Tribunen, sondern die Klasse
der Präfecten mit der Klasse der Tribunen; dann konnte
er aber, wenn nur die Tribunen als solche nicht die Qualität der Senatoren besassen, füglich sagen, „die Tribunen
waren nicht Senatoren," auch wenn es einzelne Tribunen
aus andern Gründen wirklich waren. Senatoren sein konnten sowohl die Präfecten als die Tribunen, denn kein Gesetz verbot dies; aber mit dem Amte selbst war diese
Würde weder bei den einen noch bei den andern verbunden. Demnach ist es unzweifelhaft, dass in der Zeit das

---

55) Die Meinung, welche Lipsius elect. II, c. 13 vorträgt, geht
freilich dahin, dass dies eine Einrichtung Sullas sei; indessen dies
macht, wie sich zeigen wird, in der Sache wenig Unterschied.

Gesetz noch nicht gegeben sein konnte, in welcher ein Tribun, der nicht Senator war, erwähnt wird; es beweist dagegen nichts für das Vorhandensein des Gesetzes, wenn einem Tribun die Senatorenwürde beigelegt wird.

Ich musste die Anwendbarkeit dieses Beweismittels schon deshalb genauer prüfen, weil Walter den meiner Ueberzeugung gerade entgegengesetzten Gebrauch davon gemacht hat, und weil auch Merklin gegen dies Verfahren nichts einzuwenden hat, wenn er auch mit dem Ergebniss nicht einverstanden ist. Walter sagt in der neuen Ausgabe der römischen Rechtsgeschichte p. 157: „Das Plebisscit muss vor 541 erschienen sein, weil damals ein Tribun erwähnt wird, der zugleich Senator war (Liv. XXIV, 43; XXVII, 11). Dasselbe kommt im Jahr 624 vor (Liv. epit. 59, Plin. N. H. VII, 45, declam. pro domo 47). Hingegen Beispiele von Tribunen, die nicht Senatoren waren, giebt es aus den Jahren 538 und 586 (Liv. XXIII, 23; XLV, 15)." Hiergegen streitet nun Merklin, nicht indem er die unrichtige Anwendung des Beweismittels hervorhebt, denn er selbst macht weiterhin denselben unrichtigen Gebrauch davon, sondern indem er sich die unnütze, und zum Theil erfolglose Mühe giebt, die Richtigkeit der Thatsachen anzufechten, auf welche der Beweis sich stützt. Bei dem ersten Beispiel pflichte ich ihm freilich bei, denn auch ich habe oben [56]) zu beweisen gesucht, dass L. Metellus als Tribun nicht Senator war; bei dem zweiten Beispiel aber, bei dem des C. Atinius Labeo, muss ich ihm entschieden widersprechen. Allerdings sagt Livius von ihm *praeteritus est*, und allerdings kann dieser Ausdruck ebenso gut von dem Ausstossen der wirklichen Senatoren, als von dem Uebergehen der Exspectanten verstanden werden. Nun gebraucht aber Plinius den ganz unzweideutigen Ausdruck *eiectus est*, und dann fordern es

---

56) S. S. 51.

die Regeln der Kritik, lieber den unzweideutigen Ausdruck festzuhalten und so beiden Ueberlieferungen ihr Recht zu lassen, als die eine Bedeutung des zweideutigen hervorzuheben und nun dem einen Schriftsteller den Vorwurf des Irrthums zu machen, der durch nichts zu erweisen ist. Setzen wir den Fall, von zwei gleich glaubwürdigen Historikern berichtete der eine, „Cäsar ist gestorben," und der andere, „Cäsar ist ermordet worden," und nun käme ein Geschichtsforscher und behauptete: „Cäsar ist eines natürlichen Todes gestorben, denn der Ausdruck sterben bedeutet sowohl dieses als ermordet werden." Was würde man dazu sagen? Und doch ist Merklins Verfahren in diesem Falle im Grunde kein anderes. Diese Stelle hat also Merklin nicht zu beseitigen vermocht. Sie schien ihm mit dem Nicht-Bestehen des Plebisscits zu jener Zeit unvereinbar zu sein; sie ist dies aber nach meiner Ueberzeugung so wenig, dass ich selbst es unternehme ein zweites Beispiel von einem Tribun, der Senator war, welches Merklin geradezu als Beweis vom Gegentheil anführt, wieder in seine Rechte einzusetzen. Das Beispiel giebt uns Plutarch im Leben des C. Gracchus c. 6 mit folgenden Worten: Μοναρχική τις ἰσχὺς ἐγεγόνει περὶ τὸν Γράκχον· ὥστε καὶ τὴν σύγκλητον ἀνέχεσθαι συμβουλεύοντος αὐτοῦ. Nun weiss ich zwar nicht, wie Merklin diese Stelle übersetzt; das aber sagt er mit klaren Worten, dass darin das Verfahren des Tribunen als Usurpation betrachtet wird, und dass darnach der Tribun Gracchus nicht Senator war [57]. Von diesen beiden Behauptungen ist die erstere anzunehmen, denn sie ist durch den Zusammenhang der Stelle wohl begründet; dass aber der Gegenstand der Usurpation die Senatorenwürde gewesen sein soll, das ist sicher unrichtig, denn C. Gracchus war zweifelsohne bereits wirkliches Mitglied dieser Versammlung. Er war im Jahr 628 [58]

---

57) A. a. O. p. 878 und 880.
58) Cic. Brut. 28.

Quästor in Sardinien, und verliess im dritten Jahre diese Provinz wider den Befehl des Senats. In demselben Jahre hielten die Censoren Servilius und Cassius die senatus lectio; Gracchus als quaestorius hätte also von ihnen entweder in den Senat aufgenommen, oder übergangen und so notirt sein müssen. Dies Letztere ist aber nicht anzunehmen, weil Gracchus wegen des eigenmächtigen Abgangs aus der Provinz von den Censoren zur Verantwortung gezogen sich glänzend 'rechtfertigte'⁵⁹). Die Anmassung des Gracchus kann folglich nicht darin gelegen haben, dass er die Senatorwürde beanspruchte⁶⁰). Nun habe ich im vorhergehenden Abschnitt nachgewiesen, dass kein Magistrat bei der Verhandlung ein Gutachten abgab, welches zur Abstimmung hätte gebracht werden können. Dies that aber Gracchus, denn Plutarchs Worte können nur diesen Sinn haben: „Gracchus besass eine Art von monarchischer Gewalt, so dass auch der Senat ihm gestatten musste, an den Verhandlungen als stimmberechtigtes Mitglied Antheil zu nehmen." Hierin lag

59) Plut. C. Gracchus 2: Κατηγορίας αὐτῷ γενομένης ἐπὶ τῶν τιμητῶν, αἰτησάμενος λόγον, οὕτω μετέστησε τὰς γνώμας τῶν ἀκουσάντων, ὡς' ἀπελθεῖν ἠδικῆσθαι τὰ μέγιςα δόξας.

60) Man könnte nach den jener Stelle des Plutarch unmittelbar folgenden Worten: συνεβούλευε δ' ἀεί τι τῶν ἐκείνῃ πρεπόντων εἰσηγούμενος, auf den Gedanken kommen, die Neuerung des Gracchus habe in der Ausübung des ius referendi bestanden; und dies scheint auch Rubino's Ansicht zu sein, wenn er a. a. O. p. 46 sagt: primum de C. Graccho legimus eum iure referendi usum esse, ut auctor est Plut. in vita c. 6. Indessen dies kann nicht sein, da die Tribunen jenes Recht schon lange besassen; und es liegt auch nicht nothwendig in Plutarchs Worten, da der Ausdruck εἰσηγεῖσθαι auch von dem gebraucht werden konnte, welcher über eine Relation eine selbstständige Meinung äusserte, wie dies z. B. bei demselben Schriftsteller im Leben des Ti. Gracchus c. 13. geschieht. Dort heisst es nämlich: Τῷ Τιβερίῳ αἰτουμένῳ ἐκ δημοσίου σκηνὴν, ὅπως ἔχοι διανέμων τὴν χώραν. οὐ δόντες - - - -, εἰσηγουμένου ταῦτα Ποπλίου Νασικᾶ. P. Scipio Nasica war aber nur einfacher Senator, und gab als solcher über den Antrag des Tribunen sein Gutachten ab, welches dann durch Stimmenmehrheit zum Beschluss erhoben wurde.

also die Anmassung des Gracchus, und es ist dieses Beispiel ein neuer Beweis für meine Ansicht von der Stellung der Magistrate im Senat.

Wir kehren nach dieser Abschweifung auf den Weg zurück, welchen die Untersuchung einhalten muss, wenn sie das Ziel erreichen will. Zufolge des Grundsatzes, dass, so lange Tribunen, die nicht Senatoren sind, erwähnt werden, das Gesetz nicht gegeben sein kann, wird unser nächstes Geschäft sein müssen, dergleichen Erwähnungen in möglichst später Zeit aufzufinden, denn so wird sich uns der Zeitpunkt ergeben, von dem an der Erlass des Gesetzes erst möglich ist. Nun finden sich, abgesehen von der ältern Zeit, über welche kein Zweifel obwalten kann, folgende Erwähnungen dieser Art:

Im Jahr 538 werden alle gewesenen Tribunen in den Senat aufgenommen; sie waren folglich sämmtlich nicht Senatoren [61].

Im Jahr 545 wurde L. Cäcilius Metellus von den Censoren bei der Auswahl der Senatoren übergangen [62]. Derselbe war Quästor im Jahr 540 und Volkstribun das Jahr darauf gewesen [63], und konnte von den Censoren des Jahrs 540 nicht in den Senat aufgenommen worden sein, weil er von ihnen notirt worden war [64]; folglich war er im Jahr 545 nicht Senator, und der Ausdruck *praeterire* bezeichnet in diesem Falle Nicht-Aufnahme des Exspectanten.

Die Censoren des Jahrs 584, C. Claudius Pulcher

---

61) Liv. XXIII, 23.

62) Liv. XXVII, 11: *Inde alius lectus senatus, octo praeteritis, inter quos L. Caecilius Metellus, infamis auctor deserendae Italiae post Cannensem cladem.*

63) Liv. XXIV, 43: *Romae cum tribuni plebis novi magistratum inissent, extemplo censoribus - - - - a L. Metello, tribuno plebis, dies dicta ad populum est. Quaestorem eum proximo anno, adempto equo, tribu moverant atque aerarium fecerant.*

64) Liv. XXIV, 18.

und Ti. Sempronius Gracchus waren vom Tribun P. Rutilius in Anklagezustand versetzt, von dem Volke aber frei gesprochen worden. Dafür bestraften sie den Tribun, als sie den Census abhielten. *Censores*, sagt Livius XLIV, 16, *censum Idibus Dec. severius quam ante habuerunt: multis equi ademti, inter quos P. Rutilio, qui tribunus plebis eos violenter accusarat; tribu quoque is motus aerariusque factus.* P. Rutilius war also nicht Senator; denn wäre er dies gewesen, so würden die Censoren nicht verfehlt haben, ihn auch aus dem Senat zu entfernen.

Denselben Censoren, als sie im folgenden Jahre um eine Verlängerung ihrer Amtszeit einkamen, widersetzte sich der Tribun Cn. Tremellius, weil er von ihnen nicht in den Senat aufgenommen worden war [65]). Auch dieser also war als Tribun nicht Senator.

Im Jahr 650 wurde die lex Servilia Glauciae gegeben, aus deren Fragmenten, wie ich oben Seite 54—56 nachgewiesen habe, erhellt, dass damals die gewesenen Tribunen das ius sententiae dicendae nicht besassen. Es können also die Tribunen als solche nicht Senatoren gewesen sein, denn sonst würden sie es auch nach der Niederlegung ihres Amtes geblieben sein.

Dieses sind die Beispiele von Tribunen, welche nicht Senatoren waren, so viele ihrer der Erwähnung werth schienen; denn einige habe ich allerdings übergangen, theils weil sie nicht deutlich genug sind, theils weil sie der Zeit vor 650 angehören und so für unsere Beweisführung kein grosses Gewicht haben [66]). Aus allen diesen Bei-

---

65) Liv. XLV, 15.

66) Dergleichen Erwähnungen sind z. B. Plut. Ti. Gracch. 13: Ταῦτα τοῦ Τιβερίου διαπραξαμένου καθ' ἡσυχίαν, μηδένος ἐνισταμένου, καὶ πρὸς τούτοις δήμαρχον ἀντικαταστήσαντος οὐδένα τῶν ἐπιφανῶν, ἀλλὰ Μούκιόν τινα πελάτην αὐτοῦ cet. — und die Stellen über den L. Equitius, welcher sich im Jahr 654 mit L. Saturninus um das Tribunat bewarb: App. bell. civ. I, 33. Val. Max. IX, 7, 1; IX, 7, 2; IX, 15, 1. Cic. pro Rab. perd. 7 und pro Sext. 47.

spielen hat sich uns ergeben, dass vor dem Jahre 650 das Plebisscit nicht gegeben sein kann; um wie viele Zeit nachher es aber erlassen worden ist, dies zu entscheiden, bleibt der weiteren Untersuchung vorbehalten. Um bei dieser einen festen Ausgangspunkt zu gewinnen, beginnen wir mit einer Zeit, in welcher die durch das Atinische Plebisscit eingeführte Einrichtung unzweifelhaft bestand, und suchen dann rückwärts ihr Bestehen so weit als möglich nachzuweisen.

Dio Cassius LIV, 30 erzählt vom Jahr 742: Τὴν δὲ δημαρχίαν ὀλίγων σφόδρα διὰ τὸ τὴν ἰσχὺν σφῶν καταλελύσθαι αἰτούντων, ἐνομοθέτησεν, ἐκ τῶν ἱππέων τῶν μὴ ἔλαττον πέντε καὶ εἴκοσι μυριάδας κεκτημένων προβάλλεσθαι τοὺς ἐν ταῖς ἀρχαῖς ἕνα ἕκαστον, κἀκ τούτων τὸ πλῆθος τοὺς ἐνδέοντας αἱρεῖσθαι σφίσιν, εἰ μὲν καὶ βουλεύειν μετὰ τοῦτ' ἐθέλοιεν, εἰ δὲ μή, ἐς τὴν ἱππάδα αὖθις ἐπανιέναι ἐξεῖναι. Ganz dasselbe erzählt auch Sueton im Leben des Augustus c. 40: *Comitiis tribunitiis si deessent candidati, senatores ex equitibus Romanis creavit, ita ut potestate transacta in utro vellent ordine manerent.* Nach diesen Stellen ist es unzweifelhaft, dass unter der Alleinherrschaft des Augustus die Tribunen regelmässig aus den Senatoren gewählt wurden. Es war dies aber nicht eine von Augustus herrührende Einrichtung. Es berichtet nämlich Sueton Aug. 10 unter den Ereignissen des Jahres 710 auch dieses: *In locum tribuni plebis forte demortui candidatum se ostendit Octavianus, quamquam patricius, necdum senator.* Octavian verstiess also mit seiner Bewerbung in einer zwiefachen Rücksicht gegen die bestehenden Gesetze, einmal weil er Patricier und zweitens weil er noch nicht Senator war. Ich glaube, deutlicher kann es nicht ausgesprochen sein, dass damals die Candidaten des Tribunats Senatoren sein mussten. Dennoch hat sich Rubino gegen diese Auffassung erklärt. Gestützt auf Appian, welcher in der Geschichte der Bürgerkriege III, 31 von demselben Ereigniss sagt: ὁ δῆμος οἰόμενος αὐτὸν ἐπιθυμούμενον τῆς ἀρχῆς διὰ τὸ νεώτερον τῆς ἡλικίας οὐ παραγγέλλειν, sucht er das Auffallende in Octavians Bewerbung nicht in der ihm abgehenden Senatorenwürde, sondern in dem noch nicht erreichten senatorischen Alter [67]). Dann muss er aber dem Sueton nothwendig einen Irrthum Schuld geben, während bei der andern Auffassung der Sache beide Ueberlieferungen unangetastet bleiben. War Octavians Bewerbung deshalb ungesetzlich, weil er noch nicht Senator war, so konnte Appian zwar ungenau, aber immer doch richtig seine Jugend als Grund angeben; war sie es aber, weil Octavian zu jung war, so konnte Sueton nicht die fehlende Senatorwürde als solchen Grund bezeichnen, denn diese war nicht unbedingt mit dem höhern Alter verbunden, während sie unbedingt durch das geringere Alter ausgeschlossen war. Kann nun bei zwei gleich beglaubigten Ueberlieferungen, von denen keine an sich wahrscheinlicher als die andere ist, nur eine solche Darstellung der Sache die richtige sein, welche beide Ueberlieferungen gleicherweise in ihrer Gültigkeit erhält; so muss die Auffassung Rubino's verworfen werden, und die Stelle des Sueton ist uns ein vollgültiger Beweis, dass die in der Kaiserzeit bestehende Einrichtung auch schon im Jahr 710 vollkommen in Kraft war.

Verfolgen wir nun die Spuren von dem Bestehen dieser Einrichtung weiter, so scheinen zunächst zwei Stellen aus dem letzten Jahrzehnt des 7ten Jahrhunderts unsere Beachtung zu verdienen. Die eine aus Appian bell. civ. II, 12 gehört in das Jahr 695 und lautet so: Καὶ τοὺς νόμους ὁ Καῖσαρ ἐκύρωσε καὶ ἐπ' αὐτοῖς τόν τε δῆμον ὥρκωσεν ἐς ἀεὶ κυρίους νομιεῖν, καὶ τὴν βουλὴν ἐκέλευεν ὀμνύναι. Ἐνισταμένων δὲ πολλῶν καὶ Κάτωνος, εἰσηγεῖτο μὲν ὁ Καῖσαρ θάνατον τῷ μὴ ὀμόσαντι καὶ ὁ δῆμος ἐπεκύρου.

---

67) Dieselbe Ansicht hat schon Torrentius in der Anmerkung zu Suet. Aug. 10 aufgestellt.

Ὤμνυον δ' αὐτίκα δείσαντες οἵ τε ἄλλοι καὶ οἱ δήμαρχοι. Die andere Stelle im Dio Cassius XXXVII, 9 berichtet von den Censoren des Jahres 690: οὐδὲν ἐποίησαν, ἐμποδισάντων σφᾶς τῶν δημάρχων πρὸς τὸν τῆς βουλῆς κατάλογον, δέει τοῦ μὴ τῆς γερουσίας αὐτοὺς ἐκπεσεῖν. Aus diesen Stellen erhellt nämlich, dass alle Tribunen der genannten Jahre Senatoren waren; eine Erscheinung, die auch vor dem Atinischen Plebisscit möglich war, dennoch aber dann mit Recht auffallen würde.

Indessen ein strenger Beweis lässt sich weder auf diese, noch auf ähnliche Stellen gründen; denn gesetzt es liesse sich nachweisen, dass alle Tribunen, deren überhaupt Erwähnung geschieht, wirklich Senatoren waren, so bliebe immer die Möglichkeit, dass die nicht vorkommenden es nicht waren. Hätten wir also nur dergleichen Beispiele anzuführen, so würden wir nimmer über das Jahr 710 hinauskommen. Zum Glück sind uns aber zwei Stellen erhalten, aus denen hervorgeht, dass zu einer bestimmten Zeit alle Tribunen ohne Ausnahme Senatoren waren. Es sind dies die oben S. 56—62 und S. 77 behandelten Fragmente der lex Cornelia de veneficiis und der lex Julia de repetundis. Mit ihrer Hülfe wies ich dort nach, dass seit Sullas Dictatur alle Magistrate unmittelbar durch ihre Wahl den Charakter von Senatoren erhielten, wenn auch später die Förmlichkeit der censorischen Aufnahme wieder ins Leben gerufen wurde. Dass in dieser Zeit also alle Tribunen Senatoren sein mussten, kann nicht bezweifelt werden, wenn jene Beweisführung nicht als unrichtig erfunden wird. Waren nun vor dem Atinischen Plebisscit nicht alle Tribunen Senatoren, so muss dasselbe entweder während Sullas Dictatur oder vor derselben gegeben sein. Wiederum also, wie bei der Untersuchung über das ius sententiae dicendae, hat sich uns der kurze Zeitraum von 650—673 ergeben, und es ist nun blos noch zu untersuchen, welches von diesen 23 Jahren am füglichsten als das Entstehungsjahr des Gesetzes angenommen werden kann.

Bevor ich aber auf diese letzte Untersuchung eingehen kann, bleibt noch ein Bedenken zu beseitigen. Dass nach dem Jahre 673 ein Tribun, dem die Senatorwürde unzweideutig abgesprochen wird, nicht vorkommen darf, versteht sich von selbst; und meines Wissens geschieht dies auch nirgends. Wohl aber finden sich Erwähnungen von Tribunen aus den niedrigsten Ständen, und dieser Umstand ist für Rubino Veranlassung geworden, solchen Männern den senatorischen Rang entschieden abzusprechen. Ob er hierzu berechtigt war, dies ist es, worüber wir erst ins Klare kommen müssen.

Die von Rubino angeführten Beispiele sind folgende: Cic. ad Att. I, 18: *Est autem C. Herennius quidam tribunus plebis, quem tu fortasse ne nosti quidem — tametsi potes nosse; tribulis enim tuus est, et Sextus, pater eius, nummos vobis dividere solebat —; is ad plebem P. Clodium traducit.* — Cic. pro Sextio c. 38: (Gracchus tribunus) *mulionicum paenulam arripuit, cum qua primum Romam ad comitia venerat; messoria se corbe contexit.* — Cic. XIII Phil. c. 12. 13: *Alter est designatus, Viseius nescio qui, fortis ut aiunt latro, quem tamen temperantem fuisse ferunt Pisauri balneatorem. - - - Saxam vero Decidium praeterire qui possum, hominem deductum ex ultimis gentibus, ut eum tribunum plebis videremus, quem civem nunquam videramus.* Ich könnte diese Beispiele um vieles vermehren, wenn ich nur einsähe, was für eine Wichtigkeit sie für die Beantwortung unserer Frage haben. Jeder, der den Cicero auch nur oberflächlich gelesen hat, kennt seine unerbittliche Schmähsucht gegen seine Feinde. Der leiseste Anhalt ist ihm Grund genug zu den schwersten Beschuldigungen; nichts wird von ihm übersehen, selbst offenbare Erdichtungen mit Freuden ergriffen, und oft kommen Dinge zu Tage, die den Urheber selbst wohl manchmal über sein erfinderisches Genie in Erstaunen gesetzt haben mögen [68]). Dass also von dergleichen Beschuldigungen kaum die Hälfte als wahr angesehen werden kann, wird nicht leicht Widerspruch finden. Gesetzt aber auch, es wäre alles dies die reine, lautere Wahrheit: ist es denn undenkbar, dass solchen Leuten, die zur Würde eines Tribuns emporstiegen, die Würde eines Quästors soll unerreichbar gewesen sein, welche ihnen doch unfehlbar den Zutritt zum Senat verschafft haben musste? Ist es denn ferner etwa unerhört, dass Leute aus den niedrigsten Ständen [69]) und vom gemeinsten Character Senatoren geworden sind? Ich dächte, die Ergänzungen des Senats durch Sulla [70]), Cäsar [71]) und die Triumvirn [72]), und die fast bei jeder Censur nothwendigen Ausweisungen der Libertinen wären bekannt genug, um dergleichen hohe Meinung von der Würde eines Senators

---

68) Um doch wenigstens an einem Beispiele zu zeigen, wie unsicher die von Rubino beliebte Folgerung ist, erinnere ich an den oben schon erwähnten C. Aelius Stalenus. Dieser war unzweifelhaft Senator und hatte auch die Quästur verwaltet (s. oben S. 45); dennoch sagt Cicero von ihm pro Cluent. c. 26: *Paeti sibi cognomen ex imaginibus Aeliorum delegerat, ne si se Ligurem fecisset, nationis magis suae quam generis uti cognomine videretur.*

69) Es trieb z. B. der Vater des Consuls M. Aemilius Scaurus Kohlenhandel (Aur. Victor de vir. ill. 72), und ein anderer Consul Afranius wird von Cicero beständig *Auli filius* genannt.

70) Sall. Catil. 37: *Dein multi, quod ex gregariis militibus alios senatores videbant, alios ita divites cet.*

71) Dio XLII, 51: Τοὺς δὲ ἱππέας τοῦ τέλους, τούς τε ἑκατοντάρχους καὶ τοὺς ὑπομείονας ἄλλοις τέ τισι καὶ τῷ ἐς τὸ συνέδριόν τινας ἀπ' αὐτῶν ἀντὶ τῶν ἀπολωλότων καταλέξαι. Dio XLIII, 47: Παμπληθεῖς μὲν ἐπὶ τὴν γερουσίαν, μηδὲν διακρίνων μήτ' εἴ τις στρατιώτης, μήτ' εἴ τις ἀπελευθέρου παῖς ἦν, ἐσέγραψεν.

72) Dio XLVIII, 34: Ἐς τὸ βουλευτήριον πλείους ὅσους οὐχ ὅτι τῶν συμμάχων, ἢ καὶ ϲρατιώτας παῖδάς τε ἀπελευθέρων, ἀλλὰ καὶ δούλους ἐνέγραψαν. — Suet. Aug. 35: *Senatorum affluentem numerum deformi et incondita turba (erant enim super mille et quidam indignissimi et post necem Caesaris per gratiam et praemium adlecti, quos Orcinos vulgus vocabat) ad modum pristinum et splendorem redegit.*

mit einem Male zu verbannen. Endlich aber scheint selbst eine jener Stellen, nämlich die letzte, das Gegentheil von dem zu beweisen, was daraus folgen soll. Allerdings verspottet Cicero den Antonianischen Senat und sucht seine Mitglieder auf jede Weise herabzusetzen; dass er aber als solches Niemanden aufführt, der nicht wirklich Senator war, sieht man daraus, dass er die im Senat übliche Rangordnung bei der Aufzählung genau beobachtet, und dass er bei einem Mitgliede, dessen Qualität als Senator in Zweifel gezogen werden konnte, dies mit grossem Eifer als einen ihn insbesondere treffenden Vorwurf geltend macht [73]).

Das Ergebniss unserer Untersuchung, dass nämlich zwischen 650 und 673 das in Rede stehende Plebisscit erlassen sein muss, hat sich also bewährt, und es ist nur noch übrig, dass wir es vervollständigen. In Appians Geschichte der Bürgerkriege I, 100 findet sich die Nachricht, Sulla habe in seiner Dictatur verordnet, dass künftig die Tribunen aus den Senatoren gewählt würden; also ganz dasselbe, was nach unserer Ansicht der Inhalt des Atinischen Plebisscits war. Allerdings trägt Appian seine Ansicht sehr zweifelnd vor: καὶ οὐκ ἔγω σαφῶς εἰπεῖν, εἰ Σύλλας τὴν δημαρχίαν, καθὰ νῦν ἐστιν, εἰς τὴν βουλὴν ἀπὸ τοῦ δήμου μετήνεγκεν, dies kann uns aber nicht berechtigen, die ganze Nachricht als eine aus der Luft gegriffene Vermuthung Appians geradehin zu verwerfen, oder wohl gar mit Rubino in dem unsichern Ausdrucke einen Beweis für das Gegentheil zu finden. Appian ist nur darüber nicht im Klaren, ob Sulla der Urheber dieser Einrichtung gewesen ist; dass aber dieselbe in jener Zeit wirklich bestand, konnte er nicht wohl bezweifeln, denn

---

73) Nachdem Cicero die, welche Aemter bekleidet hatten, aufgezählt hat, fährt er so fort: *Est etiam Asinius quidam senator voluntarius, lectus ipse a se. Apertam curiam vidit post Caesaris mortem; mutavit calceos, repente pater conscriptus factus est.*

unmöglich hätte er auch nur seine Vermuthung geäussert, wenn ihm ein Tribun aus späterer Zeit bekannt gewesen wäre, welcher nicht Senator war. Nun kann das Gesetz nicht während Sullas Dictatur erlassen worden sein, weil eben durch Sulla den Tribunen das Recht, ein legislatives Plebisscit zu beantragen, entzogen worden war; es kann ferner nicht wohl gegeben sein in Sullas erstem Consulat, oder in der Zeit zwischen dem Consulat und der Dictatur, denn diese unruhvollen Zeiten erlaubten schwerlich, an solche Gesetze zu denken. Das Gesetz muss also beantragt worden sein vor Sullas Consulat, und zwar unmittelbar vor demselben, denn schwerlich wäre Appian auf seine Ansicht gekommen, wenn vor dieser Zeit eine längere Reihe von Jahren alle Tribunen, die er kannte, Mitglieder des Senats gewesen wären. Die Geschichte dieser Zeit kennen wir so wenig, dass es nicht befremden kann, wenn ein Gesetz nirgends erwähnt wird, welches im Grunde nur die Bestimmungen der lex Villia annalis auf das Tribunat anwandte, und so eine längst beobachtete Sitte zum Gesetz erhob.

Durch das Atinische Plebisscit war die letzte Stufe in der Fortbildung des tribunicischen Rechts auf Theilnahme am Senat erreicht; mit ihm endet also unsere Untersuchung. Zum Schluss sei es mir jedoch noch erlaubt, die Hauptergebnisse kurz zusammenzustellen, um so meiner Darstellung möglichst die Uebersichtlichkeit zu geben, die ihr durch die Natur des behandelten Stoffes versagt war. Folgende 4 Perioden haben wir unterschieden:

1) Von der Einsetzung des Tribunats bis zum Sturz der Decemvirn nahmen die Tribunen regelmässig an den Senatsverhandlungen keinen Antheil; sie waren nur dann im Senat zugegen, wenn sie in ihrer Eigenschaft als Vertreter der Plebs von den Consuln ausdrücklich dazu aufgefordert wurden, oder von ihnen die Erlaubniss er-

hielten, eine Bitte oder Beschwerde an den Senat zu bringen.

2) Von dem Sturz der Decemvirn bis zu den Licinischen Gesetzen wohnten die Tribunen den Senatsverhandlungen zwar regelmässig bei, aber nicht als wirkliche Mitglieder, sondern nur als Vertreter der Plebs auf Sitzen vor der Thüre des Sitzungssaals, um das jetzt errungene ius intercedendi auszuüben. Die Verwaltung des Tribunats begründete desbalb keinerlei Anspruch auf Aufnahme in den Senat.

3) Von den Licinischen Gesetzen bis zur Mitte des 7ten Jahrhunderts besassen die Tribunen ausser ihren alten Befugnissen auch noch das ius referendi und damit einen Sitz innerhalb des Sitzungssaales. Ferner werden in dieser Zeit die gewesenen Tribunen, so gut wie die übrigen Magistrate, bei der senatus lectio von den Censoren berücksichtigt, haben aber vor ihrer Aufnahme das ius sententiae dicendae nicht.

4) Durch das kurz vor Sulla's erstem Consulat gegebene Plebisscitum Atinium wird bestimmt, dass die Bewerber um das Tribunat Senatoren sein, in der Regel also die Quästur verwaltet haben müssen. In diesem Verhältniss zum Senat blieben dann die Tribunen bis zum Untergang der Republik.

6. Die ordentlichen Mitglieder des Senats.

In den vorangegangenen Abschnitten habe ich mich bemüht, die Stellung derjenigen Theilnehmer an den Berathungen des Senats genau zu bezeichnen, welche entweder nur stimmberechtigte Beisitzer desselben, oder minder berechtigte Mitglieder, oder endlich Theilnehmer in der Art waren, dass die Ausübung eigentlich senatorischer Befugnisse ihnen durch ihre sonstige Stellung im Staate versagt war. Es kann nicht fehlen, wenn anders die Untersuchung geziemend geführt und die Darstellung nicht unklar gewesen ist, dass durch den Gegensatz auch die Stellung der vollberechtigten, ordentlichen Mitglieder des Senats vollkommen klar geworden sein muss. Einer besondern Darstellung ihres Verhältnisses bedürfte es also nicht, da nach dem Plane dieser Abhandlung keineswegs alle Vorzüge und Lasten des Senatorenstandes aufgezählt, sondern nur diejenigen Befugnisse berücksichtigt werden sollten, welche einen nachweisbaren Einfluss auf die innere Verfassung dieser Körperschaft ausübten.

Es werden indess auch in den Zeiten der Republik gewisse Erfordernisse erwähnt, die erfüllt sein mussten, wenn man in den Senat aufgenommen sein wollte. Wer nicht ein bestimmtes Vermögen besass, und wer nicht ein bestimmtes Alter erreicht hatte, der soll unbedingt vom Senat ausgeschlossen gewesen sein, auch wenn er sonst alle Bedingungen erfüllt hatte, die für die Aufnahme festgesetzt waren. Eine nähere Betrachtung dieser beiden Erfordernisse kann also nicht wohl von der Hand gewiesen werden in einer Abhandlung, welche die Zusammensetzung des Senats zum Thema hat; ebensowenig kann aber in derselben eine erschöpfende Behandlung jenes Gegenstandes gegeben werden, da die Untersuchung nothwendig auf Gebiete führen muss, die einer solchen Abhandlung ganz fremd sind. Wenn die Verwaltung eines senatorischen Amtes zur Aufnahme in den Senat berechtigte, und doch eben dazu ein bestimmtes Alter und Vermögen erforderlich gewesen sein soll, so muss entweder auch die Erlangung des Amtes von der Erfüllung jener Bedingungen abgehangen haben, oder die durch Verwaltung eines Amtes erworbene Berechtigung nicht unbedingt gewesen sein. Von diesen beiden Annahmen ist die zweite jedenfalls zu verwerfen; einerseits nämlich findet sich nirgends auch nur eine Spur davon, dass die Censoren jemanden, der Aemter bekleidet hatte, darum aus dem Senat gewiesen hätten, weil er entweder zu arm oder zu jung gewesen wäre; andrerseits war ein bestimmtes Alter und Vermögen in derjenigen Zeit, in welcher eine solche Bestimmung nachweislich bestand, eine nothwendige Bedingung nicht minder zur Erlangung der Magistratur, als zur Aufnahme in den Senat [1]). Ist daher die erste Annahme als richtig anzuerkennen, so kann auch eine genauere Behandlung dieses Gegenstandes nur in einer Abhandlung über die Wahlfähigkeit zur Magistratur eine schickliche Stelle finden. Hierzu kommt noch, dass ich weder über den census senatorius, noch über die aetas senatoria eine neue Ansicht von Belang vorzutragen habe, wenn ich auch nicht verkenne, dass die bisherigen Untersuchungen, wenigstens über den ersten Gegenstand, kein ganz befriedigendes Ergebniss geliefert haben. Nur die Rücksicht auf Vollständigkeit hat mich also bewogen auf diesen Gegenstand näher einzugehen, und dieser Umstand, denke ich, wird es entschuldigen, wenn kaum mehr als eine Zusammenstellung des bereits Gefundenen hier gegeben wird, wo man neue Ergebnisse zu erwarten berechtigt ist.

Was nun zuerst den **census senatorius** betrifft, so ist es keinem Zweifel unterworfen, dass ein solcher unter der Herrschaft des Augustus wirklich bestand und auf 1,200000

---

1) Was den Census betrifft, so ist darüber die weiter unten angeführte Stelle des Dio Cassius LIV, 17 nachzusehen. In Rücksicht des Alters berechtigte das erreichte 25ste Jahr zur Aufnahme in den Senat, wie wir aus Dio LII, 20 sehen: εἰς τὸ συνέδριον (καταλέγεσθαι χρὴ) πεντεκαιεικοσιέτεις. Dasselbe Alter genügte aber auch zur Verwaltung der Quästur. L. 8 Dig. de muneribus et honoribus (50, 4): *Ad rempublicam administrandam ante vicesimum quintum annum, vel ad munera quae non patrimonii sunt, vel ad honores admitti minores non possunt.* — Vellei. II, 94: *Tiberius quaestor, undevicesimum annum agens capessere coepit rempublicam,* verglichen mit Dio LIII, 28: καὶ τῷ Τιβερίῳ πέντε πρὸ ἑκάστης ἀρχῆς ἔτεσι τὸ αὐτὸ τοῦτο ποιῆσαι ἐδόθη.

Sestertien festgesetzt war. Wie es sich damit aber zur Zeit der Republik verhielt, darüber herrscht unter den Gelehrten die grösste Meinungsverschiedenheit. Nach der einen Ansicht, deren Vertreter Göttling ¹) ist, kann von einem Census, nach dem die Censoren die Senatoren zu ernennen gehabt hätten, in den Zeiten der Republik gar nicht die Rede sein; er ist vielmehr eine Bestimmung der Monarchie, und namentlich schon des Cäsar und Augustus. Nach der andern Ansicht bestand ein senatorischer Census schon zur Zeit der Republik; seit wann er aber bestand und wie hoch er sich belief, darüber sind ihre Vertheidiger im höchsten Grade uneinig ³). Für unsern Zweck wird es am besten sein, zunächst die beiden Hauptansichten mit den sie stützenden Gründen genauer ins Auge zu fassen und nur, wenn diese Untersuchung für die zweite entscheidet, auf den Zwiespalt ihrer Anhänger näher einzugehen.

Die Vertheidiger der zweiten Ansicht pflegen ein zwiefaches Beweismittel anzuwenden:

1) Berufen sie sich auf folgende Stelle des Livius XXIV, 11: *Quum deessent nautae, consules ex senatusconsulto edixerunt, ut qui L. Aemilio C. Flaminio censoribus millibus aeris quinquaginta ipse aut pater eius census fuisset usque ad centum milia, aut cui postea res tanta*

---

2) Göttling, Geschichte der röm. Staatsverfassung, p. 346.

3) Marquardt, historia equitum Rom., p. 9 nimmt einen besondern census senatorius schon für die Zeit des Servius Tullius an, und zwar nach Böckhs Reduction im Betrage von 160,000 As. — Niebuhr, röm. Geschichte, III, p. 406 hält das Dasein eines senatorischen Census zur Zeit des Hannibalischen Kriegs für wahrscheinlich, sieht aber keinen Grund, warum dieser damals höher gewesen sein sollte als der ritterliche. — Becker, Handbuch der röm. Alterthümer, II, 2, p. 393 lässt es unentschieden, ob ein besonderer census senatorius angenommen gewesen, oder ob der census equester ausreichend war; er hält es aber für wahrscheinlich, dass seit der lex Sempronia iudiciaria ein höherer Census für den Senatorenstand festgesetzt worden sei.

esset facta, nautam unum cum sex mensium stipendio daret; qui supra centum milia usque ad trecenta milia, tres nautas cum stipendio annuo; qui supra trecenta milia usque ad decies aeris, quinque nautas; qui supra decies, septem; senatores octo nautas cum annuo stipendio darent. Indessen diese Stelle spricht, wie Göttling richtig bemerkt, von keinem Census der Senatoren, nicht einmal von Classen, sondern es wird hier der Vaterlandsliebe des Senators und des Reichern etwas Ausserordentliches zugemuthet. Welcher Aufopferung aber der Senat der damaligen Zeit fähig war, wenn es galt das Vaterland zu retten, lehrt zur Genüge die mit Beifall aufgenommene Rede des Consuls Lävinus bei Livius XXVI, 36: *Magistratus senatui et senatum populo, sicut honore praestent, ita ad omnia quae dura atque aspera essent subeunda duces debere esse. - - - Aurum, argentum, aes signatum omne senatores crastino die in publicum conferamus: ita ut annulos sibi quisque et coniugi et liberis, et filio bullam, et quibus uxor filiaeve essent singulas uncias pondo auri relinquant; argenti, qui curuli sella sederunt, equi ornamenta et libras pondo, ut salinum patellamque deorum causa habere possint. Ceteri senatores libram argenti tantum, aeris signati quina milia in singulos patres familiae relinquamus.*

2) Stützt man sich auf die folgenden Worte des Sueton im Leben des Augustus c. 41: *Senatorum censum ampliavit, ac pro octingentorum milium summa duodecies HS taxavit supplevitque non habentibus.* Man folgert nämlich daraus, vor Augustus habe der senatorische Census 800,000 Sestertien betragen. Dagegen lässt sich jedoch erinnern, dass diese Folgerung nicht die einzig mögliche ist. Suetons Worte nämlich, an und für sich betrachtet, widerstreiten auch nicht im Geringsten der Annahme, dass Augustus selbst den niedern Census eingerichtet und später denselben erhöht habe. Schon deshalb also müsste

jener Beweis für unzulänglich erklärt werden; er muss es aber um so mehr, da die genauern Angaben des Dio Cassius offenbar für die letztere Annahme sprechen. In der Geschichte des Jahres 736 erzählt dieser Schriftsteller LIV, 17: Τὰς ἀρχὰς ἅπασι τοῖς δέκα μυριάδων οὐσίαν ἔχουσι καὶ ἄρχειν ἐκ τῶν νόμων δυναμένοις ἐπαγγέλλειν ἐπέτρεψε· τοσούτων γὰρ τὸ βουλευτικὸν τίμημα τὴν πρώτην εἶναι ἔταξεν, ἔπειτα καὶ ἐς πέντε καὶ εἴκοσι μυριάδας αὐτὸ προήγαγε [4]). In dieser Stelle berichtet Dio freilich nicht, dass Augustus zuerst einen senatorischen Census festgestellt hat; wohl aber sagt er, dass Augustus anfänglich einen geringern Census angesetzt und diesen von ihm selbst bestimmten allmählig erhöht hat. Augustus scheint also zuerst nur den ritterlichen Census verlangt, und dann erst einen besondern senatorischen Census eingerichtet zu haben, welcher anfänglich 800,000 Sestertien, später aber 1200000 oder nach Dio 1000000 Sestertien betrug.

Es hat sich demnach ergeben, dass diejenigen, welche das Dasein eines besondern senatorischen Census schon zur Zeit der Republik behaupten, keinen vollgültigen Beweis für ihre Ansicht beizubringen im Stande sind. Hierbei hat sich Göttling, wie es scheint, beruhigt, denn einen Beweis für seine eigne Ansicht suchen wir bei ihm vergebens. Indess scheint mir die Sache nicht von der Art zu sein, dass schon darum, weil die eine Auffassung nicht begründet werden kann, die ihr entgegengesetzte ohne Weiteres gültig wäre; denn nur dann, wenn das Nicht-Vorhandensein eines senatorischen Census in der alten Zeit ganz ausser allem Zweifel wäre, würde aus der Unmöglichkeit, eine etwa eingetretene Veränderung genügend zu erweisen, unmittelbar die Beibehaltung der alten Einrichtung gefolgert werden können. Dieser Fall liegt hier aber nicht vor, und deshalb scheint es nicht unnütz zu sein,

---

4) Wesentlich dasselbe berichtet Dio auch LIV, 26.

selbst an die bekanntesten Sachen zu erinnern, wenn sie geschickt sind einen solchen Beweis abzugeben.

Wenn alle, welche senatorische Aemter bekleidet hatten, berechtigt waren in den Senat aufgenommen zu werden, so können nur diejenigen, welche den angeblichen senatorischen Census besassen, zu solchen Aemtern wählbar gewesen sein. Nun findet sich in der Servianischen Verfassung keine Bestimmung, dass die Wahlfähigkeit zu Aemtern auf Mitglieder auch nur der ersten Schatzungsklasse beschränkt sein sollte; im Gegentheil werden in den alten Zeiten viele Männer erwähnt, welche auch für die damaligen Vermögensverhältnisse arm zu nennen waren, dennoch aber die höchsten Ehrenstellen bekleideten [5]. Für diese Zeit also, d. h. für die Zeit vor dem zweiten Punischen Krieg, kann nicht einmal der Census der ersten Klasse zur Aufnahme in den Senat gesetzlich erforderlich gewesen sein.

Für die späteren Zeiten mag sich das Verhältniss insofern geändert haben, als nun immer mehr nur reiche Leute sich im Senat befanden; dass dies aber nicht die Folge einer ausdrücklichen gesetzlichen Bestimmung war, werden die folgenden Stellen zeigen. Vom M. Fabius Buteo, welcher im Jahr 538 zum Dictator erwählt worden war, um statt der Censoren den Senat zu ergänzen, erzählt Livius in der oft erwähnten Stelle XXIII, 23: *legit ex iis, qui magistratus non cepissent, qui spolia ex hoste fixa domi haberent aut civicam coronam accepissent.* Diese tapfern Krieger sind doch sicherlich nicht alle reiche Leute gewesen; sie müssten es aber gewesen sein, wenn schon

---

5) Ich erinnere nur an den L. Tarquitius (Liv. III, 27: *Dictator magistrum equitum dicit L. Tarquitium patriciae gentis, sed qui, cum stipendia pedibus propter paupertatem fecisset, bello tamen primus longe Romanae iuventutis habitus esset*), an den Cincinnatus (Liv. III, 13. 26), den Fabricius (Dionys. frg. XVIII, 12 flgd.), und an die Männer, welche Valerius Maximus in dem Capitel *de paupertate laudata* ihrer Armuth wegen preist.

damals ein census senatorius bestanden hätte. — Ferner berichtet Valerius Maximus IV, 4, 11 vom M. Scaurus, der im Jahre 639 Consul war: *M. Scaurus quantulam q patre hereditatem acceperit, in primo libro eorum, quos de vita sua scripsit, refert. Ait enim, sibi decem sola mancipia totumque censum quinque atque triginta milium nummum relictum. In hac ille pecunia futurus senatus princeps nutritus est spiritus.* Auch Scaurus also scheint nicht besonders reich gewesen zu sein, als er zuerst sich um ein senatorisches Amt bewarb. — Endlich schreibt Cicero ad fam. XIII, 5 im Jahre 709 dem Valerius: *C. Curtio ab ineunte aetate familiarissime sum usus. - - - Is habet in Volaterrano possessionem, cum in eam tamquam e naufragio reliquias contulisset. Hoc autem tempore eum Caesar in senatum legit, quem ordinem ille ista possessione amissa tueri vix potest. Gravissimum autem est, cum superior factus sit ordine, inferiorem esse fortuna; minimeque convenit ex eo agro, qui Caesaris iussu dividatur, eum moveri qui Caesaris beneficio senator sit.* Curtius würde also Senator geblieben sein, auch wenn er das Grundstück verloren hätte, er würde dann aber nicht standesgemäss haben leben können; folglich kann ein ausreichendes Vermögen noch unter Cäsars Dictatur nicht eine nothwendige Bedingung zur Erwerbung und Behauptung der Senatorwürde gewesen sein.

Wir kommen nun zu der zweiten Anforderung, die an jeden gemacht wurde, der zum Senat zugelassen werden wollte. Es ist diese das gesetzlich erforderliche Alter, die **aetas senatoria**.

Wenn die Verwaltung der Quästur zur Aufnahme in den Senat berechtigte, so muss das zur Erlangung jenes Amtes erforderliche Alter auch für die Erwerbung dieser Würde massgebend gewesen sein, und es ist durchaus kein Grund zu der Annahme vorhanden, dass etwa für diejenigen, welche ausnahmsweise, ohne Aemter bekleidet zu haben, in den Senat aufgenommen wurden, ein geringeres oder ein höheres Alter festgesetzt gewesen sei. Unsere Aufgabe ist also, das zur Erlangung der Quästur erforderliche Alter zu finden, und diese führt uns zu der vielfach und zum Theil sehr gründlich behandelten lex Villia annalis vom Jahr 574 [6]). Nicht alle Bestimmungen dieses Gesetzes aber werden Gegenstand unserer Betrachtung sein; es wird vielmehr der Zweck dieser Abhandlung vollkommen erfüllt, wenn folgende drei Fragen eine genügende Erledigung finden: 1) welches war der in der fraglichen Beziehung geltende Brauch in der Zeit vor der lex Villia? 2) war in diesem Gesetz auch für die Bewerbung um die Quästur ein bestimmtes Lebensalter festgesetzt? und 3) welches war dieses Alter?

Was nun die erste Frage betrifft, so hat sie Wex [7]) und nach ihm Becker [8]) mit Recht dahin beantwortet, dass vor der lex Villia ein bestimmtes Alter für die Bewerbung um Staatsämter gesetzlich nicht erforderlich gewesen sei. Freilich haben sie sich dabei genöthigt gesehen, in Livius Bericht [9]) über des ältern Scipio Bewerbung um die Aedilität einen Anachronismus anzunehmen; sie sind aber dazu vollkommen berechtigt durch die Stelle des Tacitus Ann. XI, 22: *Apud maiores virtutis id praemium fuerat cunctisque civium, si bonis artibus fiderent, licitum petere magistratus; ac ne aetas quidem distinguebatur, quin prima iuventa consulatum ac dictaturas inirent;* — und nicht

---

6) Die wichtigsten Abhandlungen über diesen Gegenstand sind: Schott, de lege Villia annali, in seinen Opusc. iuridicis; ferner Wex, über die leges annales der Römer, im Rhein. Mus. für Phil. 1845. p. 276; endlich Becker in seinem Handbuch der röm. Alterth. II, 2, p. 15 folgd.

7) A. a. O. p. 284.

8) A. a. O. p. 16.

9) Liv. XXV, 2.

weniger durch Ciceros Worte in der fünften Philippica c. 17: *Legibus annalibus cum grandiorem aetatem ad consulatum constituebant, adolescentiae temeritatem verebantur. C. Caesar ineunte aetate docuit, ab excellenti eximiaque virtute progressum aetatis expectari non oportere. Itaque maiores nostri, veteres illi, admodum antiqui, leges annales non habebant, quas multis post annis attulit ambitio, ut gradus essent petitionis inter aequales.* Wir können also füglich auf die Beantwortung unserer zweiten Frage übergehen.

Cicero sagt in der Rede für das Manilische Gesetz im 21sten Capitel vom Pompejus: *Quid tam singulare, quam ut ex senatusconsulto legibus solutus consul ante fieret, quam ullum alium magistratum per leges capere licuisset?* Nun stand Pompejus beim Antritt des Consulats im 36sten Jahre, und eben dieses war das für die Bewerbung um die Aedilität erforderliche Alter. Es scheint also Manutius mit Recht anzunehmen, dass die lex annalis nur für die curulischen Aemter Altersbestimmungen enthalten habe. Hierzu kommt noch, was Wex überzeugend nachgewiesen hat [10]), dass der Ausdruck *suo anno petere* sich nicht auf das Lebensalter des Bewerbers, sondern vielmehr auf die gesetzliche Frist bezieht, welche nach der Verwaltung eines niedern Amtes verflossen sein musste, ehe jemand das nächst höhere erlangen konnte. Indessen die Worte des Livius XL, 44: *rogatio primum lata est ab L. Villio tribuno plebis, quot annos nati quemque magistratum peterent caperentque,* und die oben angeführte Stelle des Cicero V Phil. 17 zeigen deutlich, dass auch das Jahr angegeben war, in welchem man am frühesten jedes Amt bekleiden konnte. Mit Recht nimmt daher Wex an, dass beide Bestimmungen in das Gesetz aufgenommen waren in der Weise, dass in Einklang mit

---

10) A. a. O. p. 276 – 278.

jenen Zwischenfristen das normale Lebensjahr im Gesetz hingestellt war. Dann aber muss nothwendig auch für die Quästur, diese erste Stufe in der Staatslaufbahn, ein bestimmtes Lebensalter festgesetzt gewesen sein.

Wenden wir uns nun zu der Beantwortung der dritten Frage, so ist vor Allem der Grundsatz festzuhalten, dass Beispiele von ältern Quästoren nichts beweisen, sobald jüngere Männer, ohne von den Bestimmungen des Gesetzes ausdrücklich entbunden zu sein, dieses Amt bekleidet haben. Denn, wenn im Gesetz das Lebensalter angegeben war, vor welchem das Amt nicht verwaltet werden sollte, so konnte mancher dasselbe wohl später, niemand aber es früher erhalten. Es können folglich die Beispiele des Cicero, des Cato und des Cäsar, welche alle nach dem 30sten Jahre die Quästur bekleideten, durchaus nicht massgebend sein, sobald man weiss, dass beide Gracchen im 27sten Jahre Quästoren waren [11]; und auch ihr Beispiel würde nichts beweisen, wenn jüngere Männer in der Zeit der Republik als Quästoren erwähnt würden. Dies geschieht aber nicht; schon hieraus also ergiebt sich das 27ste Jahr als das Normaljahr für die Quästur. Es fehlt indessen auch ein anderer Beweis für diese Ansicht nicht.

Polybius VI, 19 sagt: πολιτικὴν λαβεῖν ἀρχὴν οὐκ ἔξεστιν οὐδενὶ πρότερον, ἐὰν μὴ δέκα στρατείας ἐνιαυσίους ᾖ τετελεκώς. Nun ist es bekannt, dass ein Römer vor dem 17ten Jahre nicht als dienstfähig betrachtet wurde, und dass ein früherer Eintritt in den Kriegsdienst nur in ausserordentlichen Fällen gestattet [12], durch ein Gesetz

---

11) Ti. Gracchus war Quästor im Jahr 617 (Plut. c. 5) und wurde ermordet im Jahr 621, 30 Jahr alt (Plut. C. Gracch. 1). — C. Gracchus war 9 Jahr jünger als sein Bruder (Plut. Ti. Gracch. 3) und Quästor im Jahr 628 (Plut. C. Gracch. 2).

12) Liv. XXV, 5: (Senatus decrevit:) *Tribuni plebis, si iis videretur, ad populum ferrent, ut, qui minores septem et decem annis sacramento dixissent, iis perinde stipendia procederent, ac si septem et decem annorum aut maiores milites facti essent.*

des C. Gracchus aber ganz verboten wurde [13]). War also ein vorausgegangener zehnjähriger Kriegsdienst zur Erlangung der Quästur erforderlich, so konnte ein früheres Lebensjahr als das 27ste in der lex Villia nicht festgesetzt sein; es konnte aber auch kein späteres angenommen sein, denn bis zum 27sten Jahre war die Erfüllung der gesetzlichen Militärpflicht möglich, und dann konnte nach Polybius jeder sich unbeschadet der Gesetze um die Quästur bewerben.

Nach dieser Darstellung muss es auffallen, dass die neuern Gelehrten meines Wissens alle das Beispiel Cicero's als Norm anerkannt, und demgemäss das 30ste Jahr als das für die Bewerbung um die Quästur erforderliche angesehen haben. Noch mehr befremdet es aber, dass selbst Wex dieser Ansicht beigepflichtet hat. Er sagt in der angezeigten Abhandlung S. 276: „Cicero sagt nirgends, dass er *omnes honores suo anno* erlangt habe. Cic. agrar. II, 2 und Brut. 94, 323 behauptet er dies blos vom Consulate, und de off. II, 17 sq. *nam pro amplitudine honorum, quos cunctis suffragiis adepti sumus nostro quidem anno, sane exiguus sumptus aedilitatis fuit,* ist doch offenbar die Quästur und Aedilität ausgeschlossen, und nur die Prätur und das Consulat bezeichnet. Hinsichtlich der übrigen Aemter rühmt er sich blos *quaestor in primis, aedilis prior* geworden zu sein in Pis. c. 1." Wex läugnet also aus einem andern Grunde ebenso entschieden, als es oben von uns geschehen ist, die Beweiskraft jenes Beispiels für die Quästur. Damit entzieht er aber jener von ihm angenommenen Ansicht ihre hauptsächlichste Stütze, und nichts mehr bleibt ihm zur Begründung derselben als analoge Bestimmungen in den Municipien und Provinzialstädten; wie z. B. die Verordnung in der tabula Heracleensis fragm.

---

13) Plut. C. Gracch. 5: νεώτερον ἑπτὰ ἐτῶν καὶ δέκα μὴ καταλέγεσθαι στρατιώτην.

Neapol. lin. 15: *quei minor annos XXX natus est erit, nei quis eorum post K. Januar. secundas in municipio colonia praefectura II vir. IIII. vir. neve quem alium mag. petito neve capito neve gerito,* — und die Bestimmung des Halesinischen Statuts bei Cicero in Verr. lib. II, 49: *ne qui minor XXX annis natu - - - legeretur.* Allerdings sind nun diese Anführungen sehr beachtungswerth, denn in der Regel sind die Bestimmungen für die Municipien den Gesetzen in Rom nachgebildet; dennoch aber wird man sich schwer entschliessen können, einen untadelhaften Beweis für einen Schluss aus der Analogie aufzugeben. Ich für mein Theil wenigstens beharre in der Ansicht, dass nach der lex Villia bis zur Herrschaft des Augustus das erreichte 27ste Lebensjahr zur Verwaltung der Quästur und zum Eintritt in den Senat befähigte.

Berichtigungen:

S. 15 Z. 7 vom Ende lies 350 statt 360
— 49 — 8 - - l. Erweiterung st. Beschränk
— 62 — 5 - - l. 22 st. 12
— 157 — 2 der Anmerk. 66 l. μηδενός st. μηδένος.